定番おかずが
ぜ〜んぶおいしく
冷凍できちゃった100

主婦の友社

03

CONTENTS

- 7 はじめに
- 8 下準備 → 冷凍 → 調理 たった4ステップででき上がり！
- 10 冷凍おかずをおいしく仕上げる7つのコツ

PART 1
ぜ〜んぶ冷凍できちゃった
肉の定番おかず

【豚肉】
- 14 肉野菜いため
- 16 豚のみそ漬け
- 18 回鍋肉
- 20 豚肉と大根、しいたけのスープ煮
- 22 豚肉とかぼちゃのカレーいため
- 24 豚肉と白菜の塩にんにく煮
- 26 豚丼
- 28 豚肉とれんこんのオイスター煮
- 30 野菜の肉巻き照り焼き
- 32 豚肉とキャベツの塩こぶ蒸し
- 34 豚キムチ
- 36 豚といんげんのさっぱり煮
- 38 しょうが焼き
- 40 豚肉ときのこのバターポン酢いため
- 42 豚肉と白菜のわさびいため
- 43 ポークチャップ
- 44 豚こまとにんじんの明太子いため
- 45 ジャーマンポテト

【鶏肉】
- 46 鶏のから揚げ
- 48 筑前煮
- 50 親子丼
- 52 ささ身と長いもの梅春巻き
- 54 ポトフ
- 56 チキンカツ
- 58 鶏肉のねぎ塩焼き
- 60 鶏肉とピーマンの甘酢いため
- 62 梅みそチキンロール
- 64 チーズタッカルビ
- 66 鶏肉と小松菜のクリーム煮
- 68 鶏肉のデミグラス煮込み
- 70 鶏肉のはちみつ照り焼き
- 72 鶏肉と大根のオイスターいため
- 74 ささ身のみそマヨ焼き
- 76 手羽元とれんこんの黒酢煮
- 78 鶏肉と大根の梅煮
- 80 バーベキューチキン
- 82 鶏肉とかぼちゃのピリ辛みそ煮
- 83 ささ身と白菜のさっぱり蒸し
- 84 ラタトゥイユチキン
- 85 ささ身とじゃがいもの香味いため

【牛肉】
- 86 肉じゃが
- 88 青椒肉絲
- 90 牛肉とごぼうのすき煮
- 92 ハッシュドビーフ
- 94 塩プルコギ
- 96 牛肉と大根の中華風みそ煮
- 97 牛肉のチーズペッパーソテー

【ひき肉】
- 98 ハンバーグ
- 100 ギョーザ
- 102 ピーマンの肉詰め
- 104 ドライカレー
- 106 チキンナゲット
- 108 えのきみそつくね
- 110 シューマイ
- 112 麻婆茄子
- 114 ワンタン
- 116 ひき肉といんげんのケチャップいため
- 117 ガパオ風バジルいため
- 118 かぶのそぼろ煮
- 119 れんこんそぼろの葉っぱ包み

PART 2
ぜ〜んぶ冷凍できちゃった 魚の定番おかず

【鮭】
- 122 ちゃんちゃん焼き
- 124 鮭のつけ焼き
- 126 鮭のバジルチーズフライ
- 128 鮭のガーリックバター蒸し
- 130 鮭としいたけのうま煮
- 132 鮭とブロッコリーのトマト煮
- 134 鮭と小松菜の中華蒸し
- 135 鮭のピリ辛ポン酢いため

【めかじき】
- 136 めかじきの甘酢あんかけ
- 138 めかじきとブロッコリーのペペロンいため
- 140 めかじきとキャベツのレモンマリネ
- 142 めかじきと小松菜の甘辛いため
- 144 めかじきとカリフラワーのコーンクリーム煮
- 146 めかじきのねぎだれレンジ蒸し
- 148 めかじきとパプリカのマヨポンいため
- 149 めかじきのタンドーリ

【たい】
- 150 アクアパッツァ

【たら】
- 152 たらとブロッコリーのアヒージョ
- 154 たらのねぎみそレンジ蒸し
- 156 たらとかぶのめんつゆ煮
- 157 たらとじゃがいも、ねぎのさっぱり煮

【ぶり】
- 158 ぶりの照り焼き
- 160 ぶりのみぞれ煮

【えび】
- 162 えびチリ
- 164 えびと白菜のとろみ煮
- 165 えびマヨ

【あさり】
- 166 あさりとチンゲンサイのピリ辛いため

【いか】
- 168 いかのバジルいため
- 170 いかのマヨいため

【さば】
- 172 さばのトマトソースソテー
- 174 さばのみそ煮
- 176 さばのからし竜田揚げ
- 178 さばのカレーチーズムニエル
- 180 さばと小松菜のおろし蒸し
- 181 さばの中華風香味焼き

【あじ】
- 182 あじフライ

【いわし】
- 184 いわしのキムチ煮
- 186 いわしの梅マヨロール
- 188 いわしのかば焼き

【さわら】
- 190 さわらの香味レモン蒸し

この本の使い方
- 野菜類は、特に表記のない場合、洗う、皮をむくなどの作業をすませてからの手順を説明しています。
- フライパンは原則としてフッ素樹脂加工のものを使用しています。
- 作り方の火かげんは、特に表記のない場合、中火で調理してください。
- 小さじ1は5㎖、大さじ1は15㎖、1カップは200㎖です。
- 電子レンジの加熱時間は、特に表記がない場合、600Wのものを使用したときの目安です。500Wなら加熱時間を約1.2倍にしてください。なお、機種によって多少異なることもありますので、様子を見ながらかげんしてください。
- 冷凍での保存期間は約1カ月です。

● この本で使用した保存袋のサイズ
Lサイズ／縦273mm×横268mm
Mサイズ／縦189mm×横177mm

● 調理について
解凍とは？
凍っている部分がなく、完全に解凍されている状態。
半解凍とは？
保存袋の上からさわると、手で食材がほぐれるくらい解凍されている状態。

切った肉や野菜に
下味をつけて
冷凍するだけ！

帰ってすぐに
おいしい
ホカホカおかずが
できちゃった

はじめに

家に到着するのが19時予定。
買い出しもしていないのに、おなかはペコペコ……。
『今日の夕飯、何食べよう?』
こんなことってよくありますよね。

本書で紹介する冷凍おかずは、
そんな日のためにストックしておきたいレシピ。
肉や魚と野菜を切ったら保存袋の中で味つけして冷凍庫に入れておき、
食べたいときに解凍、簡単調理するだけで、
ほかほかでおいしいおかずが、あっという間にでき上がります。

「冷凍すると味が落ちてしまいそう……」そんな心配もいりません!
冷凍することで野菜に味がしみたり、
肉がやわらかくなったり、魚のくさみがとれたり、
実はいいことがたくさんあるんです。

冷凍庫に日もちするストックおかずが1品あると思うだけで、
忙しい日の気持ちに余裕が生まれる。
夕飯のおかずにはもちろん、急な来客へのおもてなしに、
買い出ししていない日の翌日のお弁当に、
いろんなシーンで助けられること、まちがいありません。

毎日作りたい定番メニューを全部で100品。
忙しいあなたこそ、ぜひ試してみてください。

下準備 ➡ 冷凍

たった4ステップで

STEP 1
下準備 1

食べやすく食材をカット

材料を切って調味料を準備する

肉や魚、野菜などの材料を切って、計量した調味料を準備。ふだんの食事作りのついでに肉や野菜を切れば、めんどうくささも半減し、食材ロスの防止にもつながります。

STEP 2
下準備 2

肉や魚に味をしみ込ませて

食材に下味をつける

まず保存袋に調味料を入れ、そこに肉や魚を入れてもみ込んだあと、野菜を入れます。肉や魚にしみ込んだ味が、加熱時に野菜にもほどよく行き渡り、味が濃くなりすぎません。

↱ 調理
でき上がり！

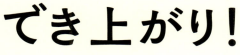

STEP 3 冷凍

空気を抜いてから冷凍庫へ

STEP 4 調理

でき上がり

肉や魚をしっかり加熱

冷凍する

食材に調味料をもみ込んだら、保存袋の空気を抜いて、できるだけ平らな状態にして冷凍庫へ入れます。平らにすることで、庫内で場所をとらず、解凍スピードも均一に。

調理する

冷蔵庫に移す、電子レンジを使うなどして解凍し、食材を加熱するだけで完成！ レシピによって完全に解凍するもの、冷凍のままでいいものがあるので作り方を確認しましょう。

冷凍おかずをおいしく仕上げる**7**つのコツ

 しっかり空気を抜いてから冷凍

均等に味をつけるため、解凍しやすくするために、できるだけ保存袋内の空気を抜いて、平らになるようにしましょう。冷凍庫で凍らせたら、ブックスタンドなどを使って立てて収納すると庫内がすっきりします。

コツ2 調味料をもみ込む

保存袋に調味料を入れ、そこに肉や魚を入れて。調味料を肉や魚にしみ込ませれば、水っぽくなることもありません。肉や魚がくっつかないよう、1枚1枚に調味料が行き渡るように注意しながらもみ込むこと。

 ひき肉は菜箸でかきまぜて味つけ

ひき肉は手でもみ込むと、調理のときにひとかたまりになってしまうことが……。保存袋に調味料とひき肉を入れて、菜箸でかきまぜれば、いためるとき、簡単にパラパラに仕上げることができます。

コツ4 水分をとばす

冷凍するとどうしても水分が余分に出てくることがあります。気になるようなら、一時的に強火にするなどして水分をとばしながらいためるようにしましょう。お弁当に使用するときなどは特に注意したほうが◎。

コツ5 アクをとる

煮物などでアクが出たときは、きれいにすくうのが、おいしく仕上げるコツ。アクに見えても、肉から出たたんぱく質の場合も。たんぱく質はそのままでも問題ありませんが、気になるようならとりましょう。

コツ6 飾り野菜は先にとり出す

しょうが焼きの玉ねぎのように肉や魚とまぜた野菜は、仕上げまでそのままでOKですが、横に添える野菜は先にとり出してお皿へ。味は変わりませんが、長く加熱をすることで退色して、見た目が悪くなります。

コツ7 白身魚はオイルづけ

パサパサ感が気になりがちな白身魚には、保存袋に入れるときにオイルをプラス。もみ込むことで油分が魚にしみて、ふっくらやわらかく仕上がります。冷凍ではなく、普通に調理するときも使えるテクニック。

PART 1
ぜ〜んぶ冷凍できちゃた
肉
の定番おかず

豚肉、鶏肉、牛肉、ひき肉を使った、
みんなが大好きな定番の肉料理を紹介します。
味がしみて肉もしっとり！
食べごたえのあるボリューム満点のラインナップでお届け。

肉野菜いため

キャベツやもやしのシャキシャキ感が楽しめる、野菜たっぷりの一品

材料(2人分)
豚バラ薄切り肉 … 150g
キャベツ … 150g
もやし … 1袋(200g)
にんじん … 1/5本(30g)
塩 … 小さじ1/4
こしょう … 少々
A | 酒 … 大さじ1
　 | しょうゆ … 小さじ2

作り方

1 豚肉は4等分に切って塩、こしょうを振る。キャベツは4〜5cm四方に切り、にんじんは2〜3mm厚さの半月切りにする。

2 保存袋にAをまぜ合わせ、豚肉を入れてもみ込む。野菜を加えて空気を抜き、袋の口をとじて平らにし、冷凍する。

調理 — 半解凍で!

半解凍でフライパンに入れ、ふたをして中火にかける。ときどきまぜながら3〜4分蒸し焼きにし、ふたをとって水分をとばしながら3〜4分いためる。

PART 1 | 肉のおかず

野菜のうまみが
ギュギュッ！

豚のみそ漬け

みそに漬け込むことで豚肉がしっとりやわらかく。食べごたえもじゅうぶん！

Mサイズ

材料(2人分)

豚ロース肉(とんカツ用) … 2枚
A | みそ … 大さじ2
　| 酒、砂糖 … 各大さじ1½
水菜 … 適量

作り方

1. 豚肉は赤身と脂身の境目に4～5カ所切り目を入れて、筋切りする。

2. 保存袋にAをまぜ合わせ、1を入れてもみ込む。空気を抜き、袋の口をとじて平らにし、冷凍する。

調理 （解凍で！）

解凍後たれを軽くぬぐい、**あたためたグリル**に入れて6～7分焼く。器に盛り、食べやすく切った水菜を添える。

PART 1 | 肉のおかず

ジューシーな豚肉に舌鼓

回鍋肉(ホイコーロー)

本格的な中華おかずが簡単に！
辛くないからみんなでモリモリ食べられる

Lサイズ

材料(2人分)
豚バラ薄切り肉 … 200g
キャベツ … 300g
A にんにくのみじん切り
　　… 1かけ分
　酒、みそ … 各大さじ1
　砂糖、しょうゆ … 各小さじ2
　豆板醤 … 小さじ½

調理 　半解凍で！
半解凍でフライパンに入れ、ふたをして中火にかける。ときどきほぐしながら4〜5分蒸し焼きにし、ふたをとって水分をとばしながら3〜4分いためる。

作り方

1　豚肉は4等分に切る。キャベツは4〜5cm四方のざく切りにする。

2　保存袋にAをまぜ合わせ、豚肉を入れてもみ込む。キャベツを加えて空気を抜き、袋の口をとじて平らにし、冷凍する。

PART 1 | 肉のおかず

豆板醤で味に深みをプラス

19

豚肉と大根、しいたけのスープ煮

しいたけから出ただしでうまみ倍増！
大根は冷凍することで味がしみる

Lサイズ

材料(2人分)
- 豚こまぎれ肉 … 200g
- 大根 … 200g
- しいたけ … 3個
- A
  - 酒 … 大さじ1
  - ごま油 … 大さじ½
  - 鶏ガラスープのもと … 小さじ½
  - 塩 … 小さじ⅔
  - こしょう … 少々
- 万能ねぎの小口切り … 適量

作り方

1. 豚肉は大きければ一口大に切る。大根は1cm厚さのいちょう切り、しいたけは半分に切る。

2. 保存袋にAをまぜ合わせ、豚肉を入れてもみ込む。大根、しいたけを加えて空気を抜き、袋の口をとじて平らにし、冷凍する。

調理 半解凍で！

半解凍でなべに入れ、水1カップを加えてふたをし、中火にかける。煮立ったら**アクをとって**弱火にし、ときどきほぐしながら火が通るまで15〜20分煮る。器に盛り、万能ねぎを振る。

PART 1 肉のおかず

味がしっかりしみた大根

豚肉とかぼちゃのカレーいため

かぼちゃの甘み×カレーのスパイシーさでほどよい味わいに

Lサイズ

材料（2人分）
豚こまぎれ肉 … 200g
かぼちゃ … 200g
A │ 酒、中濃ソース … 各大さじ1
  │ しょうゆ … 大さじ½
  │ 砂糖 … 小さじ1
  │ カレー粉 … 小さじ½

作り方

1 豚肉は大きければ一口大に切る。かぼちゃは1cm厚さに切ってから3等分の一口大に切る。

2 保存袋にAをまぜ合わせ、豚肉を入れてもみ込む。かぼちゃを加えて空気を抜き、袋の口をとじて平らにし、冷凍する。

調理　半解凍で！

半解凍でフライパンに入れ、水大さじ1を加えてふたをし、中火にかける。ときどき**ほぐしながら**5分ほど蒸し焼きにし、火が通ってきたらふたをとり、**水分をとばしながら**4～5分いためる。

PART 1 | 肉のおかず

食欲をそそるカレー風味

豚肉と白菜の塩にんにく煮

にんにく風味のあっさり味。ごはんが何杯でも食べられそう！

Lサイズ

材料(2人分)
豚バラ薄切り肉 … 200g
白菜 … 300g
A｜にんにくの薄切り … 1かけ分
　｜酒 … 大さじ1
　｜塩 … 小さじ2/3
　｜こしょう … 少々

作り方
1. 豚肉は4等分に切る。白菜は4cm幅のそぎ切りにする。
2. 保存袋にAをまぜ合わせ、豚肉を入れてもみ込む。白菜を加えて空気を抜き、袋の口をとじて平らにし、冷凍する。

調理 — 半解凍で!

半解凍でなべに入れ、水1/4カップを加えてふたをし、中火にかける。煮立ったらアクをとって弱火にし、ときどきほぐしながら15分ほど煮る。器に盛り、あらびき黒こしょう(分量外)を振る。

PART 1 | 肉のおかず

クタクタに煮た白菜が美味

豚丼

忙しい日の夕食は、どんぶりに決まり！
にらの風味がおいしさアップのヒケツ

L サイズ

材料（2人分）
豚こまぎれ肉 … 200g
玉ねぎ … 1/4個
にら … 1/3束（30g）
にんじん … 1/5本（30g）
A｜しょうゆ、みりん、酒 … 各大さじ1 1/2
　｜砂糖 … 大さじ1/2
ごはん … 適量

作り方

1. 豚肉は大きければ一口大に切る。玉ねぎは薄切り、にらは4cm長さに切る。にんじんは短冊切りにする。

2. 保存袋にAをまぜ合わせ、豚肉を入れてもみ込む。野菜を加えて空気を抜き、袋の口をとじて平らにし、冷凍する。

調理 〈半解凍で！〉

半解凍でフライパンに入れ、ふたをして中火にかける。**ときどきほぐしながら弱火**にし、10～12分煮る。器に盛ったごはんにのせる。

PART 1 | 肉のおかず

ごはんにのせて
ガッツリと

27

豚肉とれんこんのオイスター煮

冷凍することで根菜に味が早くしみてやわらかく仕上がる

Lサイズ

材料(2人分)
豚こまぎれ肉 … 200g
れんこん … 200g
にんにく … 1かけ
A │ オイスターソース、酒 … 各大さじ1
  │ しょうゆ、砂糖 … 各大さじ½
貝割れ菜 … 適量

作り方

1 豚肉は大きければ一口大に切る。れんこんは乱切りにして水にさらし、水けをきる。にんにくはつぶす。

2 保存袋にAをまぜ合わせ、豚肉を入れてもみ込む。れんこん、にんにくを加えて空気を抜き、袋の口をとじて平らにし、冷凍する。

調理 （半解凍で!）

半解凍でなべに入れ、水½カップを加えて落としぶたとふたをし、中火にかける。煮立ったらアクをとり、弱火にしてときどきほぐしながら12〜15分煮る。ふたをとって3〜4分煮詰め、器に盛って貝割れ菜を添える。

PART 1 | 肉のおかず

オイスターの
コクがジュワ〜

野菜の肉巻き照り焼き

野菜の下ゆではしなくてOK！見た目もよく、おべんとうにも使えるおかず

Mサイズ

材料(2人分)
- 豚ロース薄切り肉 … 8枚
- さやいんげん … 8本
- エリンギ … 2本
- A | しょうゆ、みりん、酒 … 各大さじ1
  | 砂糖 … 小さじ1

作り方

1. いんげんはへたを落として半分に切る。エリンギは四つ割りにする。豚肉を広げて手前にいんげん2切れとエリンギ1切れをのせ、押さえながらきつく巻く。残りも同様に作る。

2. 保存袋にAをまぜ合わせ、1を入れる。空気を抜き、袋の口をとじて平らにし、冷凍する。

調理 〔半解凍で！〕

半解凍でフライパンに入れ、ふたをして中火にかける。ときどき上下を返しながら、火が通るまで8〜10分蒸し焼きにする。仕上げに焼き色がつくようにつけだれをからめる。

PART 1 | 肉のおかず

コリコリのエリンギが◎

豚肉とキャベツの塩こぶ蒸し

電子レンジで調理できるから
すきま時間に完成。
塩こぶのうまみがたっぷり

Lサイズ

材料(2人分)
- 豚こまぎれ肉 … 200g
- キャベツ … 150g
- まいたけ … 1パック
- A
  - 酒 … 大さじ1
  - ごま油 … 大さじ½
  - 塩こぶ … 10g
  - 塩 … 小さじ¼
  - こしょう … 少々

作り方

1. 豚肉は大きければ一口大に切る。キャベツは4〜5cm四方のざく切り、まいたけは小房に分ける。

2. 保存袋にAを入れてまぜ合わせ、豚肉を入れてもみ込む。キャベツ、まいたけを加えて空気を抜き、袋の口をとじて平らにし、冷凍する。

調理　半解凍で!

半解凍で耐熱皿に入れ、ラップをふんわりかけて電子レンジで9〜10分加熱する。途中で1〜2回とり出し、ほぐしながら加熱する。

PART 1 肉のおかず

ごま油が
ふわっと香る

豚キムチ

キムチの味を生かして味つけはシンプルに。ごはんにのせてもおいしい！

Lサイズ

材料(2人分)
豚バラ薄切り肉 … 200g
小松菜 … 1束(200g)
白菜キムチ … 100g
A ｜ 酒 … 大さじ1
　｜ しょうゆ … 小さじ1

作り方

1　豚肉は4等分に切る。小松菜は5cm長さに切る。キムチはざく切りにする。

2　保存袋にAをまぜ合わせ、豚肉、キムチを入れてもみ込む。小松菜を加えて空気を抜き、袋の口をとじて平らにし、冷凍する。

調理 半解凍で！

半解凍でフライパンに入れ、ふたをして中火にかける。**ときどきほぐしながら**3〜4分蒸し焼きにし、ふたをとって**水分をとばしながら**4〜5分いためる。

PART 1 肉のおかず

キムチがマイルドに

豚といんげんのさっぱり煮

酢の酸味で豚肉がすっきりおいしく！夏バテ対策にもぴったり

Lサイズ

材料（2人分）
- 豚こまぎれ肉 … 200g
- さやいんげん … 100g
- エリンギ … 1袋
- しょうが … 1かけ
- A
  - しょうゆ、みりん、酢 … 各大さじ1½
  - 酒 … 大さじ1
  - 砂糖 … 大さじ½

作り方

1. 豚肉は大きければ一口大に切る。いんげんは3等分、エリンギは縦6〜8等分に切る。しょうがはせん切りにする。

2. 保存袋にAをまぜ合わせ、豚肉を入れてもみ込む。いんげん、エリンギ、しょうがを加えて空気を抜き、袋の口をとじて平らにし、冷凍する。

調理　半解凍で！

半解凍でなべに入れ、水¼カップを加えてふたをし、中火にかける。煮立ったら弱火にし、ときどきほぐしながら10分ほど煮、強火にして汁けが少なくなるまで2〜3分煮る。

PART 1 | 肉のおかず

酢の効果で肉がやわらかく

しょうが焼き

しょうがをもみ込んで
豚肉をふっくらやわらかく。
玉ねぎの食感も楽しめる！

Lサイズ

材料（2人分）

- 豚肉（しょうが焼き用）… 6枚
- 玉ねぎ … 1/2個
- ししとうがらし … 4本
- 赤パプリカ … 1/3個
- A
  - しょうがのすりおろし … 1かけ分
  - しょうゆ、酒、みりん … 各大さじ1
  - 砂糖 … 小さじ1

作り方

1. 豚肉は筋切りする。玉ねぎは薄切り、パプリカは一口大に切る。

2. 保存袋にAをまぜ合わせ、豚肉を入れてもみ込む。野菜を加えて空気を抜き、袋の口をとじて平らにし、冷凍する。

調理　半解凍で！

半解凍でフライパンに入れ、ふたをして中火にかける。あたたまったら、ときどきほぐしながら10分ほど蒸し焼きにし、ふたをとって1〜2分いためる。

POINT

凍っている状態で無理にほぐすと肉が切れるので、解凍されてきたら少しずつはがすとよい。最後は、強火にしてたれを煮詰めながらいため、肉に少し焼き目がつけると、おいしそうな見た目に。つけ合わせの野菜は色が悪くなるので、火が通ったら先にとり出すこと。

PART 1 | 肉のおかず

がっつり
ボリューム
肉おかず

豚肉ときのこのバターポン酢いため

3種のきのこにポン酢の酸味とバターのコクがマッチ

Lサイズ

材料(2人分)
- 豚こまぎれ肉 … 200g
- えのきだけ … 1袋
- しいたけ … 3個
- しめじ … 1袋
- バター … 10g
- A
  - ポン酢しゅうゆ … 大さじ2
  - 酒 … 大さじ1
  - みりん … 大さじ½

作り方

1. 豚肉は大きければ一口大に切る。えのきは根元を落としてほぐす。しいたけは5mm厚さに切り、しめじは小房に分ける。

2. 保存袋にAをまぜ合わせ、豚肉を入れてもみ込む。きのこ、バターを加えて空気を抜き、袋の口をとじて平らにし、冷凍する。

調理 — 半解凍で!

半解凍でフライパンに入れ、ふたをして中火にかける。ときどきほぐしながら3〜4分蒸し焼きにし、ふたをとって水分をとばしながら4〜5分いためる。

PART 1 　肉のおかず

シャキシャキの
どっさりきのこ

41

豚肉と白菜のわさびいため

わさびの風味がきいたさっぱり仕上げ。
白菜がたっぷり入ってヘルシー

辛みがなくて食べやすい

材料(2人分)

豚こまぎれ肉 … 150g
白菜 … 300g
ピーマン … 2個
A | 酒、しょうゆ … 各大さじ1
　 | ねりわさび … 小さじ1

Lサイズ

作り方

1 豚肉は大きければ一口大に切る。白菜は7cm長さに切ってから1cm幅に切る。ピーマンは5mm幅に切る。

2 保存容器にAをまぜ合わせ、豚肉を入れてもみ込む。野菜を加えて空気を抜き、袋の口をとじて平らにし、冷凍する。

調理　半解凍で!

半解凍でフライパンに入れ、ふたをして中火にかける。**ときどきほぐしながら4〜5分蒸し焼きにし、ふたをとって水分をとばしながら4〜5分いためる。**

POINT

わさびは加熱すると辛みがとぶので、いためたあとに追加しても。

PART 1 肉のおかず

ポークチャップ

どこか懐かしいケチャップ味は家族みんなが大好き。仕上げのパセリで見た目もよく

酸味のあるケチャップ味

Lサイズ

材料(2人分)
豚こまぎれ肉 … 200g
玉ねぎ … 1/2個
しめじ … 1袋
A │ トマトケチャップ … 大さじ2
　│ 酒、中濃ソース … 各大さじ1
　│ 塩、こしょう … 各少々
パセリのみじん切り … 適量

作り方

1　豚肉は大きければ一口大に切る。玉ねぎは薄切りにし、しめじは小房に分ける。

2　保存袋にAをまぜ合わせ、豚肉を入れてもみ込む。玉ねぎ、しめじを加えて空気を抜き、袋の口をとじて平らにし、冷凍する。

調理　半解凍で!

半解凍でフライパンに入れ、ふたをして中火にかける。**ときどきほぐしながら**10分ほど蒸し焼きにし、ふたをとって**水分をとばしながら**2〜3分いためる。器に盛り、パセリを振る。

豚こまとにんじんの明太子いため

明太子を調味料がわりに。マイルドな辛みで食欲をあと押し

ツブツブの食感が楽しい

Lサイズ

材料(2人分)

豚こまぎれ肉 … 200g
にんじん … 小1本(120g)
エリンギ … 1袋
からし明太子 … ½腹(35g)
A│酒 … 大さじ1
 │しょうゆ、ごま油 … 各大さじ½
 │塩、こしょう … 各少々

作り方

1 豚肉は大きければ一口大に切る。にんじんは2〜3mm角の細切り、エリンギは縦半分に切ってから2〜3mm厚さに切る。明太子は1cm幅のぶつ切りにする。

2 保存袋にAと明太子をまぜ合わせ、豚肉を入れてもみ込む。にんじん、エリンギを加えて空気を抜き、袋の口をとじて平らにし、冷凍する。

調理 — 半解凍で!

半解凍でフライパンに入れ、ふたをして中火にかける。**ときどきほぐしながら**4〜5分蒸し焼きにし、ふたをとって、**水分をとばしながら**3〜4分いためる。

PART 1 肉のおかず

ジャーマンポテト

冷凍しても、じゃがいものほくほく感はキープ。焼き目をつけて香ばしく！

Lサイズ

こしょうがほどよくピリッ

材料(2人分)
- ウインナソーセージ … 1袋(120g)
- じゃがいも … 2個(200g)
- 玉ねぎ … 1/2個
- **A**
  - にんにくの薄切り … 1かけ分
  - オリーブ油 … 大さじ1
  - 塩 … 小さじ1/4
  - あらびき黒こしょう … 少々

作り方

1 ソーセージは1cm厚さの斜め切りにする。じゃがいもは1cm厚さの半月切りにして水にさらし、水けをきる。玉ねぎは5mm幅に切る。

2 保存袋に**A**を入れてまぜ合わせ、**1**を加えて空気を抜き、袋の口をとじて平らにし、冷凍する。

半解凍で！
調理
半解凍でフライパンに入れ、ふたをして中火にかける。**ときどきほぐしながら**5～6分蒸し焼きにし、ふたをとって**水分をとばしながら**1～2分いためる。

POINT
最後にじゃがいもやソーセージに焼き目がつくようにいためると、香ばしさが加わって、よりおいしくなる。

45

鶏のから揚げ

つけ込む手間がないから
しっかり味のついた唐揚げを
スピード調理できる

Mサイズ

材料(2人分)
鶏もも肉 … 大1枚(300g)
A ┃ しょうがのすりおろし
　 ┃ 　…1かけ分
　 ┃ 酒、しょうゆ … 各大さじ1
かたくり粉 … 適量
揚げ油 … 適量
レモン … 適量

作り方

1 鶏肉は白い脂身を除き、一口大に切る。

2 保存袋にAをまぜ合わせ、鶏肉を入れてもみ込む。空気を抜き、袋の口をとじて平らにし、冷凍する。

調理 〈解凍で!〉

解凍して**軽く汁けをきり**、かたくり粉をまぶす。中温に熱した揚げ油に入れて4〜5分揚げる。油をきって器に盛り、くし形切りのレモンを添える。

PART 1 | 肉のおかず

揚げたてをサクッと♪

筑前煮

冷凍しておくことで根菜に味がしっかりしみ込み、2日目のような深い味わいに

Lサイズ

材料(2人分)
鶏もも肉 … 1枚(250g)
れんこん … 150g
にんじん … 1/3本(50g)
ごぼう … 50g
A｜しょうゆ、みりん
　　… 各大さじ1½
　｜酒 … 大さじ1
　｜砂糖 … 大さじ½
絹さや … 適量

作り方

1. 鶏肉は白い脂身を除いて一口大に切る。れんこん、にんじん、ごぼうは乱切りにする。れんこん、ごぼうは水にさらし、水けをきる。

2. 保存袋にAをまぜ合わせ、鶏肉を入れてもみ込む。野菜を加えて空気を抜き、袋の口をとじて平らにし、冷凍する。

調理 〈半解凍で！〉

半解凍でなべに入れ、水¼カップを加えてふたをし、中火にかける。煮立ったら弱火にして落としぶたをし、ときどきまぜながら15分ほど煮、ふたをとって2～3分煮詰める。器に盛り、塩ゆでにして斜め半分に切った絹さやをのせる。

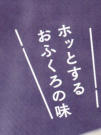

親子丼

ほんのり甘くてやさしい味。
仕上げに卵でとじて
ふっくら丼のでき上がり

材料（2人分）
鶏もも肉 … 1枚（250g）
玉ねぎ … 1個
A | 酒 … 大さじ4
　 | しょうゆ、みりん … 各大さじ2
　 | 砂糖 … 大さじ1
卵 … 2個
ごはん … 適量
三つ葉 … 適量

作り方

1 鶏肉は小さめの一口大に切る。玉ねぎは薄切りにする。

2 保存袋にAをまぜ合わせ、鶏肉を入れてよくもみ込む。玉ねぎを加えて空気を抜き、袋の口をとじて平らにし、冷凍する。

調理 （半解凍で！）

半解凍でフライパンに入れ、ふたをして中火にかける。**ときどきほぐしながら弱火**にし、10分ほど煮る。**火が通ったらとき卵**を回し入れ、ふたをして好みのかたさまで火にかける。器に盛ったごはんにかけ、ざく切りにした三つ葉をのせる。

PART 1 肉のおかず

汁がごはんに
しみて最高！

ささ身と長いもの梅春巻き

下調理なしの具でカンタン冷凍。
梅の酸味がきいたあっさり味

Lサイズ

材料(2人分)
鶏ささ身 … 3本(150g)
長いも … 80g
梅干し … 2個
青じそ … 6枚
春巻きの皮 … 6枚
塩 … 小さじ1/8
こしょう … 少々
A | 小麦粉、水 … 各小さじ1
揚げ油 … 適量

作り方

1　ささ身は縦半分に切って塩、こしょうを振る。長いもは10cm長さの棒状に切る。梅干しはちぎる。

2　春巻きの皮に青じそ1枚をのせ、ささ身と長いもを1/6量ずつのせる。梅肉をのせてクルクル巻き、まぜ合わせたAでとめる。残りも同様にする。保存袋にくっつかないように入れて空気を抜き、冷凍する。

調理　冷凍で!

凍ったまま低温の揚げ油に入れ、きつね色になるまで9〜10分揚げる。

POINT

凍ったまま調理するので、冷凍するときは、バットにくっつかないように入れ、凍ったら保存袋に移しかえるようにするといい。

PART1 | 肉のおかず

パリッと食感が
GOOD

ポトフ

濃いめに味つけした具材に水を足して調理。グツグツ煮込むだけで完成！

L サイズ

材料(2人分)

- 鶏手羽元 … 4本
- 塩 … 小さじ½
- こしょう … 少々
- にんじん … ½本(80g)
- ブロッコリー … 60g
- 玉ねぎ … ½個
- キャベツ … 100g
- にんにく … 1かけ

A
- 酒 … 大さじ1
- 鶏ガラスープのもと … 小さじ1
- 塩 … 小さじ¼

作り方

1. 手羽元は骨に沿って切り目を入れ、塩、こしょうをもみ込む。にんじんは4cm長さに切ってから四つ割りにする。ブロッコリーは小房に分ける。玉ねぎは6〜8等分のくし形切り、キャベツは大きめのざく切りにする。にんにくはつぶす。

2. 保存袋にAを入れてまぜ合わせ、手羽元を入れてもみ込む。野菜、にんにくを加えて空気を抜き、袋の口をとじて平らにし、冷凍する。

調理 — 半解凍で！

半解凍でなべに入れ、水2½カップを加えてふたをし、中火にかける。<u>煮立ったら弱火</u>にし、火が通るまで15〜20分煮る。

PART 1 | 肉のおかず

ほろほろの骨つきチキン

チキンカツ

低温の油からじっくり揚げるのがポイント。サクッとした食感でやみつきに

材料(2人分)
鶏胸肉 … 1枚(250g)
塩 … 小さじ1/3
こしょう … 少々
小麦粉 … 適量
卵 … 1個
パン粉 … 適量
揚げ油 … 適量
レタス、レモン、中濃ソース
　… 各適量

作り方

1 鶏肉は1cm厚さのそぎ切りにし、塩、こしょうを振る。小麦粉、とき卵、パン粉の順に衣をまぶし、くっつかないようにバットなどにのせて冷凍する。凍ったら保存袋に入れる。

調理 〈冷凍で!〉

凍ったまま低温の揚げ油に入れ、きつね色になるまで7〜8分揚げる。油をきって器に盛り、ちぎったレタスとくし形切りにしたレモンを添え、中濃ソースをかけて食べる。

POINT

ラップで仕切って2段にして冷凍すると、ひとつのバットにたくさんのせられる。

PART 1 肉のおかず

胸肉なのに
しっとり！

鶏肉のねぎ塩焼き

にんにくとごま油の風味が食欲をそそる一品。
おつまみとしてもおすすめ！

Lサイズ

材料(2人分)
鶏もも肉 … 1枚(250g)
ねぎ … 1本
A｜にんにくのみじん切り
　　… 1かけ分
　｜ごま油、酒 … 各大さじ1
　｜塩 … 小さじ1/2
　｜こしょう … 少々

調理　半解凍で！

半解凍でフライパンに入れ、ふたをして中火にかける。**ときどきほぐしながら弱火**にし、火が通るまで13〜15分**蒸し焼き**にし、ふたをとって1〜2分焼く。

作り方

1. 鶏肉は白い脂身を除いて一口大に切る。ねぎは斜め薄切りにする。

2. 保存袋に**A**をまぜ合わせ、鶏肉を入れてもみ込む。ねぎを加えて空気を抜き、袋の口をとじて平らにし、冷凍する。

PART 1 | 肉のおかず

鶏肉×ねぎの
黄金コンビ

鶏肉とピーマンの甘酢いため

酢豚ならぬ酢鶏!
野菜は大きくカットして
食べごたえをプラス

Lサイズ

材料(2人分)

鶏もも肉 … 1枚(250g)
塩、こしょう … 各少々
ピーマン … 4個
玉ねぎ … 1/2個

- A | トマトケチャップ … 大さじ2
    | 酢、砂糖 … 各大さじ1 1/2
    | しょうゆ … 小さじ2
- B | かたくり粉 … 小さじ1
    | 水 … 小さじ2

調理　半解凍で!

半解凍でフライパンに入れ、ふたをして中火にかける。**ときどきほぐしながら弱火**にし、12〜15分蒸し焼きにする。まぜ合わせた**B**を加えてとろみをつける。

作り方

1 鶏肉は白い脂身を除いて一口大に切り、塩、こしょうを振る。ピーマンは乱切り、玉ねぎは1.5cm厚さのくし形切りにする。

2 保存袋に**A**をまぜ合わせ、鶏肉を入れてもみ込む。野菜を加えて空気を抜き、袋の口をとじて平らにし、冷凍する。

PART 1 　肉のおかず

ゴロッと野菜で
充実感UP

梅みそチキンロール

電子レンジでカンタン調理！
鶏ハムのようなしっとりとした食感

Lサイズ

材料(2人分)
- 鶏胸肉 … 1枚(250g)
- 万能ねぎ … 2本
- にんじん … 1/5本(30g)
- 塩 … 小さじ1/4
- こしょう … 少々
- A | 梅肉、みそ … 各小さじ1
    | ごま油 … 小さじ1/2

作り方

1 鶏肉は厚い部分に包丁を入れて厚みを開く。万能ねぎは鶏肉の長さに合わせて2〜3等分に切る。にんじんはせん切りにする。Aはまぜ合わせる。

2 鶏肉に塩、こしょうを振ってAを塗り、野菜をのせてクルクル巻く。ラップで包んで保存袋に入れ、空気を抜き、袋の口をとじ、冷凍する。

調理　冷凍で！

凍って**ラップに包んだまま**耐熱皿にのせる。電子レンジで6〜8分加熱し、食べやすく切る。

PART 1 | 肉のおかず

さっぱりだけどボリューム満点

チーズタッカルビ

とろ〜りチーズが
ピリ辛の鶏肉と好相性!
キャベツがしんなりして食べやすい

Lサイズ

材料(2人分)
鶏もも肉 … 1枚(250g)
キャベツ … 200g
にんじん … 1/5本(30g)
ピーマン … 2個
A│酒、砂糖 … 各大さじ1
　│みそ … 大さじ1½
　│しょうゆ、ごま油 … 各小さじ2
　│一味とうがらし … 小さじ¼
ピザ用チーズ … 50g

調理 半解凍で!

半解凍でフライパンに入れ、ふたをして中火にかける。**ときどきほぐしながら弱火**にし、8〜10分蒸し焼きにする。ふたをとって**水分をとばしながら**4〜5分いためる。チーズを散らしてふたをし、とけたら火を止める。

作り方

1 鶏肉は白い脂身を除いて一口大に切る。キャベツは4〜5cm四方のざく切り、にんじんは短冊切り、ピーマンは乱切りにする。

2 保存袋にAをまぜ合わせ、鶏肉を入れてもみ込む。野菜を加えて空気を抜き、袋の口をとじて平らにし、冷凍する。

PART 1 | 肉のおかず

とけるチーズの仕上げがカギ

鶏肉と小松菜のクリーム煮

ホワイトソースが小松菜の苦みをカバーしてマイルドに

Lサイズ

材料(2人分)
鶏胸肉 … 1枚(250g)
小松菜 … 1/2束(100g)
マッシュルーム … 1パック(6個)
A | ホワイトソース缶 … 2/3カップ
　 | 牛乳 … 大さじ3
　 | 塩 … 小さじ1/4
　 | こしょう … 少々

作り方

1　鶏肉は一口大のそぎ切りにする。小松菜は5cm長さに切り、マッシュルームは半分に切る。

2　保存袋にAをまぜ合わせ、鶏肉を入れてもみ込む。小松菜、マッシュルームを加えて空気を抜き、袋の口をとじて平らにし、冷凍する。

調理　半解凍で!

半解凍でなべに入れ、ふたをして弱火にかける。火が通るまで15分ほど煮て、味をみて、塩、こしょうでととのえる。器に盛り、あらびき黒こしょう（分量外）を振る。

PART 1 肉のおかず

黒こしょうで
味にメリハリ

67

鶏肉のデミグラス煮込み

市販のデミグラスソース缶を使って料理の時間を大幅カット！

Lサイズ

材料(2人分)
- 鶏もも肉 … 1枚(250g)
- 玉ねぎ … 1/2個
- ブロッコリー … 150g
- A
  - デミグラスソース缶 … 2/3カップ
  - トマトケチャップ … 大さじ1
  - 塩 … 小さじ1/3
  - 砂糖 … 小さじ1

作り方

1. 鶏肉は白い脂身を除いて一口大に切る。玉ねぎは薄切り、ブロッコリーは小房に分ける。

2. 保存袋にAをまぜ合わせ、鶏肉を入れてもみ込む。野菜を加えて空気を抜き、袋の口をとじて平らにし、冷凍する。

調理 （半解凍で!）

半解凍でなべに入れ、水1/4カップを加えてふたをし、中火にかける。<u>煮立ったら弱火</u>にし、火が通るまで15分ほど煮る。味をみて、塩、こしょうでととのえる。

PART 1 肉のおかず

デミソースで食欲アップ必至

鶏肉のはちみつ照り焼き

調味料3種のシンプルな味つけ。トースターでふっくら焼き上げて!

Mサイズ

材料(2人分)
鶏もも肉 … 小2枚(400g)
A │ しょうゆ、はちみつ
　│ 　… 各大さじ2
　│ 酒 … 大さじ1
ベビーリーフ … 適量

作り方

1 鶏肉は白い脂身を除いて両面をフォークで刺す。

2 保存袋にAをまぜ合わせ、鶏肉を入れてもみ込む。空気を抜き、袋の口をとじて平らにし、冷凍する。

調理 〈解凍で!〉

解凍してアルミホイルを敷いたオーブントースターのトレーに皮目を上にしてのせ、火が通るまで12〜13分焼く。途中焦げそうなら、アルミホイルをかぶせる。食べやすく切って器に盛り、ベビーリーフを添える。

鶏肉と大根のオイスターいため

鶏肉のうまみとオイスターソースのコクで大根がよりおいしく

Lサイズ

材料(2人分)

鶏胸肉 … 1枚（250g）
塩、こしょう … 各少々
大根 … 200g
豆苗 … 1パック
A│酒、オイスターソース
 │　　… 各大さじ1
 │ごま油、しょうゆ … 各大さじ½
 │砂糖 … 小さじ½

作り方

1. 鶏肉は白い脂身を除き、7～8mm幅の細切りにして塩、こしょうを振る。大根は5mm角の細切り、豆苗は長さを半分に切る。

2. 保存袋にAをまぜ合わせ、鶏肉を入れてもみ込む。野菜を加えて空気を抜き、袋の口をとじて平らにし、冷凍する。

調理　半解凍で!

半解凍でフライパンに入れ、ふたをして中火にかける。ときどきほぐしながら弱火にし、10～12分蒸し焼きにし、ふたをとって水分をとばしながら2～3分いためる。

PART 1 | 肉のおかず

細切り食材で
食べやすく

ささ身のみそマヨ焼き

みそ&マヨコンビで味のマンネリを解消して！つけ合わせの野菜も合わせて冷凍

Lサイズ

材料(2人分)
- 鶏ささ身 … 4本（200g）
- 塩 … 小さじ¼
- こしょう … 少々
- ブロッコリー … 120g
- A | マヨネーズ … 大さじ2
   | みそ … 大さじ½

作り方

1. ささ身は筋を除いて3等分に切り、塩、こしょうを振る。ブロッコリーは小房に分ける。

2. 保存袋にAをまぜ合わせ、ささ身を入れてもみ込む。ブロッコリーを加えて空気を抜き、袋の口をとじて平らにし、冷凍する。

調理　半解凍で！

半解凍でフライパンに入れ、ふたをして中火にかける。ときどきほぐしながら15分ほど蒸し焼きにする。

手羽元とれんこんの黒酢煮

さっぱりヘルシーな黒酢が手羽元をやわらかく！やさしい甘さもポイント

Lサイズ

材料(2人分)
鶏手羽元 … 6本(400g)
れんこん … 200g
A │ しょうがの薄切り … 3切れ
　│ しょうゆ、黒酢 … 各大さじ3
　│ 酒、砂糖 … 各大さじ2

作り方

1 手羽元は骨に沿って切り目を入れる。れんこんは1.5cm厚さのいちょう切りにして水にさらし、水けをきる。

2 保存袋にAを入れてまぜ合わせ、手羽元を入れてもみ込む。れんこんを加えて空気を抜き、袋の口を閉じて平らにし、冷凍する。

調理 — 半解凍で！

半解凍でなべに入れ、水½カップを加えてふたをし、中火にかける。**煮立ったら弱火**にして20分ほど煮、火が通ったらふたをとって2〜3分煮詰める。

PART 1 　肉のおかず

れんこんはシャキッ！

鶏肉と大根の梅煮

しょうがが香るやさしい味の中に梅のすっぱさがほんのり

Lサイズ

材料(2人分)

- 鶏もも肉 … 1枚(250g)
- 大根 … 300g
- しょうがの薄切り … 3切れ
- 梅干し … 1個(15g)
- A | しょうゆ、酒、みりん … 各大さじ1
  | 砂糖 … 小さじ1
- 万能ねぎの斜め薄切り … 適量

作り方

1. 鶏肉は白い脂身を除いて一口大に切る。大根は1cm厚さの半月切りにする。梅干しはちぎる。

2. 保存袋にAをまぜ合わせ、鶏肉、しょうが、梅肉を入れてもみ込む。大根を加えて空気を抜き、袋の口をとじて平らにし、冷凍する。

調理 — 半解凍で!

半解凍でなべに入れ、水¼カップを加えて落としぶたとふたをし、中火にかける。煮立ったらアクをとって弱火にし、ときどきほぐしながら10〜12分煮る。火が通ったらふたをとり、中火にして2〜3分煮詰める。器に盛り、万能ねぎをのせる。

PART 1 | 肉のおかず

梅のおかげで
あと味さっぱり

バーベキューチキン

チキンの中まで味がしみてとってもジューシー。トースターでパリッと仕上げ！

Mサイズ

材料(2人分)
鶏手羽中 … 16本(350g)
塩 … 小さじ¼
こしょう … 少々
A｜オイスターソース … 大さじ1½
　｜トマトケチャップ … 大さじ1
　｜酒、しょうゆ、はちみつ
　｜　… 各大さじ½
　｜にんにくのすりおろし、
　｜　しょうがのすりおろし
　｜　… 各小さじ½
　｜玉ねぎのすりおろし … 大さじ1

調理 　解凍で！

オーブントースターのトレーにアルミホイルを敷き、解凍した手羽中を皮目を上にして並べ、火が通るまで12～15分焼く。途中焦げそうならアルミホイルをかぶせる。

作り方

1 手羽中は塩、こしょうをもみ込む。

2 保存袋にAをまぜ合わせ、手羽中を入れてもみ込む。空気を抜き、袋の口をとじて平らにし、冷凍する。

PART1 肉のおかず

濃いめの味つけで
おつまみにも!

鶏肉とかぼちゃのピリ辛みそ煮

ピリ辛のかぼちゃがごはんによく合う

下味のみそで鶏肉がやわらかく

Lサイズ

材料(2人分)
- 鶏もも肉 … 1枚(250g)
- かぼちゃ … 200g
- ねぎ … 1本
- A
  - みそ … 大さじ1½
  - 酒、みりん … 各大さじ1
  - 砂糖 … 小さじ1
  - しょうゆ、豆板醤 … 各小さじ½
  - すり白ごま … 大さじ½

作り方

1. 鶏肉は脂身を除いて一口大に切る。かぼちゃは1cm厚さのくし形切り、ねぎは1cm厚さの斜め切りにする。

2. 保存袋にAをまぜ合わせ、鶏肉を入れてもみ込む。野菜を加えて空気を抜き、袋の口をとじて平らにし、冷凍する。

半解凍で!

調理
半解凍で耐熱ボウルに入れ、ラップをふんわりかけて電子レンジで10〜13分加熱する。途中で1〜2回とり出し、ほぐしながら加熱する。

POINT
何度か途中でとり出し、ほぐしながら加熱することで、肉がかたまりにならず、加熱ムラも防げて上手に仕上がる。

PART 1　肉のおかず

ささ身と白菜のさっぱり蒸し

電子レンジで手軽に調理でき
サラダ感覚で食べられる

にんにく風味で箸が進む！

Lサイズ

材料（2人分）
鶏ささ身 … 4本（200g）
塩、こしょう … 各少々
白菜 … 250g
しいたけ … 4個
A｜にんにくのすりおろし
　　… 1かけ分
　｜酒、ごま油、すり白ごま
　　… 各大さじ1
　｜しょうゆ … 大さじ½
　｜塩 … 小さじ½

作り方

1 ささ身は1cm厚さのそぎ切りにし、塩、こしょうを振る。白菜は5cm長さに切ってから1cm幅に切る。しいたけは5mm厚さの薄切りにする。

2 保存袋にAをまぜ合わせ、ささ身を入れてもみ込む。白菜、しいたけを加え、空気を抜き、袋の口をとじて平らにし、冷凍する。

調理　半解凍で！

半解凍で耐熱皿にのせ、ラップをする。火が通るまで電子レンジで10〜12分加熱する。途中で1〜2回とり出し、全体をまぜながら加熱する。

ラタトゥイユチキン

ごはんはもちろん、パンにも合う！
にんにくやローリエで深みを加えて

白ワインにぴったりの味

Lサイズ

材料(2人分)

鶏もも肉 … 1枚(250g)
トマト … 1個(200g)
ズッキーニ … 1本(100g)
玉ねぎ … ½個
にんにく … 1かけ
ローリエ … 1枚
A｜オリーブ油、白ワイン、
　　トマトケチャップ … 各大さじ1
　｜塩 … 小さじ½
　｜こしょう … 少々

作り方

1 鶏肉は一口大に切る。トマトは2〜3cm角のざく切り、ズッキーニは1cm厚さの半月切りにする。玉ねぎは8等分のくし形切りにしてから半分に切る。にんにくはつぶす。

2 保存袋にAをまぜ合わせ、鶏肉を入れてもみ込む。野菜、にんにく、ローリエを加えて空気を抜き、袋の口をとじて平らにし、冷凍する。

調理 半解凍で！

半解凍でなべに入れ、ふたをして中火にかける。煮立ったら弱火にし、15分ほど煮る。仕上げにふたをとり、3〜4分煮詰める。味をみて、塩、こしょうでととのえる。

PART 1 | 肉のおかず

ささ身とじゃがいもの香味いため

具材をすべて棒状に切ることで火の通りを均一にし、食感もキープ

パセリがほどよく香る

材料(2人分)
鶏ささ身 … 3本（150g）
じゃがいも … 2個（200g）
セロリ … 1本（80g）
にんにく … 1かけ
A｜パセリのみじん切り、酒 … 各大さじ1
　｜オリーブ油 … 大さじ½
　｜かたくり粉、塩 … 各小さじ½
　｜あらびき黒こしょう … 少々

作り方

1 ささ身は1cm角の棒状に切る。じゃがいもは1cm角の棒状に切って水にさらし、水けをきる。セロリは筋をとって5mm厚さの斜め切りにする。にんにくはみじん切りにする。

2 保存袋にAをまぜ合わせ、ささ身を加えてもみ込む。野菜、にんにくを加えて空気を抜き、袋の口をとじて平らにし、冷凍する。

Lサイズ

調理　半解凍で！

半解凍でフライパンに入れ、ふたをして中火にかける。ときどきほぐしながら弱火にし、10〜12分蒸し焼きにし、ふたをとって水分をとばしながら2〜3分いためる。味をみて、塩、こしょうでととのえる。

肉じゃが

じゃがいも冷凍してOK！
味がしみやすく
ワンランク上の味わいに

Lサイズ

材料(2人分)
牛切り落とし肉 … 120g
じゃがいも … 2個(300g)
玉ねぎ … 1/2個
にんじん … 1/3本(50g)
A | しょうゆ、酒、みりん
　　　 … 各大さじ1½
　| 砂糖 … 大さじ½

作り方

1 牛肉は大きければ一口大に切る。じゃがいもは一口大に切って水にさらし、水けをきる。玉ねぎは1cm厚さのくし形切り、にんじんは乱切りにする。

2 保存袋にAをまぜ合わせ、牛肉を入れてもみ込む。野菜を加えて空気を抜き、袋の口をとじて平らにし、冷凍する。

調理　半解凍で！

半解凍でなべに入れ、水¾カップを加えてふたをし、中火にかける。煮立ったら弱火にし、ときどきほぐしながら15〜20分煮る。

PART 1 | 肉のおかず

じゃがいもが
ホクホク

青椒肉絲
(チンジャオロースー)

パプリカで彩りよく！
あっさり味で
ペロリと食べられる

Lサイズ

材料(2人分)
牛切り落とし肉 … 200g
ピーマン … 3個
黄パプリカ … ½個
A | 酒 … 大さじ1
  | オイスターソース … 小さじ2
  | ごま油 … 大さじ½
  | しょうゆ … 小さじ1
  | かたくり粉 … 小さじ½

調理

半解凍で！

半解凍でフライパンに入れ、ふたをして中火にかける。ときどき**ほぐしながら弱火**にして5〜6分蒸し焼きにし、**仕上げにふたをとって**水分をとばしながら1〜2分いためる。

作り方

1. 牛肉は大きければ一口大に切る。ピーマン、パプリカは細切りにする。

2. 保存袋にAをまぜ合わせ、牛肉を入れてもみ込む。野菜を加えて空気を抜き、袋の口をとじて平らにし、冷凍する。

PART 1 肉のおかず

中華の人気メニューが手軽に完成

牛肉とごぼうのすき煮

甘さと辛さがほどよいバランス。しいたけのうまみもおいしさアップに一役！

Lサイズ

材料(2人分)
- 牛切り落とし肉 … 200g
- ごぼう … 150g
- しいたけ … 4個
- A | しょうゆ、みりん … 各大さじ1½
  | 酒 … 大さじ1
  | 砂糖 … 小さじ2

調理　半解凍で！

半解凍でなべに入れ、水¼カップを加えてふたをし、中火にかける。煮立ったら弱火にし、ときどきほぐしながら15〜20分煮る。

作り方

1　牛肉は大きければ一口大に切る。ごぼうは5mm厚さの斜め切りにして水にさらし、水けをきる。しいたけは四つ割りにする。

2　保存袋にAをまぜ合わせ、牛肉を入れてもみ込む。ごぼう、しいたけを加えて空気を抜き、袋の口をとじて平らにし、冷凍する。

PART 1 | 肉のおかず

ごはんにのっけて
ガッツリ食べても！

ハッシュドビーフ

牛肉に小麦粉をまぶしてとろみをプラス。
バターのコクがアクセントに

材料(2人分)
牛切り落とし肉 … 200g
小麦粉 … 小さじ1
玉ねぎ … 1/2個
しめじ … 1袋
バター … 10g
A｜トマトケチャップ … 大さじ3
　｜中濃ソース … 大さじ2
　｜砂糖 … 小さじ1/2
　｜塩 … 小さじ1/3
　｜こしょう … 少々

作り方

1 牛肉は大きければ一口大に切る。玉ねぎは薄切りにし、しめじは小房に分ける。

2 保存袋に牛肉を入れて小麦粉をまぶし、Aを加えてもみ込む。玉ねぎ、しめじ、バターを加えて空気を抜き、袋の口をとじて平らにし、冷凍する。

調理 （半解凍で!）

半解凍でなべに入れ、水1/2カップを加えてふたをし、中火にかける。煮立ったら弱火にし、ときどきほぐしながら10～12分煮る。火が通ったらふたをとり、2～3分煮詰め、味をみて、塩、こしょうでととのえる。

ほんのり甘く
やさしい味わい

PART 1 　肉のおかず

塩プルコギ

にんにくで食欲を促進！
男子も喜ぶがっつりメニュー。
彩り野菜で見た目も鮮やか

Lサイズ

材料（2人分）
牛切り落とし肉 … 200g
玉ねぎ … 1/2個
にんじん … 1/5本（30g）
ピーマン … 2個
A｜いり白ごま、酒 … 各大さじ1
　｜にんにくのすりおろし
　｜　… 1かけ分
　｜塩 … 小さじ1/2強
　｜こしょう … 少々

調理

半解凍で！

半解凍でフライパンに入れ、ふたをして中火にかける。**ときどきほぐしながら弱火**にして5〜6分蒸し焼きにし、**仕上げにふたをとって**水分をとばしながら1〜2分いためる。

作り方

1 牛肉は大きければ一口大に切る。玉ねぎは5mm厚さ、ピーマンは5mm幅に切り、にんじんは細切りにする。

2 保存袋にAをまぜ合わせ、牛肉を入れてもみ込む。野菜を加えて空気を抜き、袋の口をとじて平らにし、冷凍する。

PART 1 | 肉のおかず

塩ベースで
さっぱり食べる

牛肉と大根の中華風みそ煮

オイスターソース×みその味つけが新鮮

ピリッとラー油が隠し味

Lサイズ

材料(2人分)
牛切り落とし肉 … 200g
大根 … 200g
まいたけ … 1パック
A｜にんにくの薄切り … 1かけ分
　｜酒、みそ … 各大さじ1
　｜オイスターソース … 小さじ2
　｜砂糖、ごま油 … 各大さじ½
ラー油 … 適量
しらがねぎ … 適量

作り方

1 牛肉は大きければ一口大に切る。大根は1cm厚さの半月切り、まいたけはほぐす。

2 保存袋にAをまぜ合わせ、牛肉を入れてもみ込む。大根、まいたけを加え、空気を抜き、袋の口をとじて平らにし、冷凍する。

調理 〈半解凍で!〉

半解凍でなべに入れ、水½カップを加えて落としぶたとふたをし、中火にかける。煮立ったらアクをとって弱火にし、火が通るまで10～12分煮、ふたをとって3～4分煮詰める。器に盛り、ラー油をかけてしらがねぎをのせる。

PART 1 肉のおかず

牛肉のチーズペッパーソテー

粉チーズ×甘いコーンのまろやかさに黒こしょうでアクセントづけ

Lサイズ

仕上げにほんのりペッパーの辛み

材料(2人分)
- 牛切り落とし肉 … 200g
- ピーマン … 3個
- 粒コーン缶 … 1缶(65g)
- A
  - にんにくのみじん切り … 1かけ分
  - オリーブ油 … 大さじ1/2
  - 粉チーズ … 大さじ2
  - 塩 … 小さじ1/3
- あらびき黒こしょう … 少々

作り方

1. 牛肉は大きければ一口大に切る。ピーマンは細切りにする。

2. 保存袋にAをまぜ合わせ、牛肉を入れてもみ込む。ピーマン、コーンを加えて空気を抜き、袋の口をとじて平らにし、冷凍する。

調理 半解凍で!

半解凍でフライパンに入れ、ふたをして中火にかける。ときどきほぐしながら5〜6分蒸し焼きにする。仕上げにふたをとり、水分をとばしながら1〜2分いためる。器に盛り、あらびき黒こしょう(分量外)を振る。

ハンバーグ

成形して冷凍しておけば焼きたてジューシーなハンバーグがすぐに味わえる!

Mサイズ

材料(2人分)

- 合いびき肉 … 250g
- 玉ねぎ … ¼個
- 卵 … 1個
- A | パン粉 … ⅓カップ
    | 牛乳 … 大さじ2
- ナツメグ … 少々
- 塩 … 小さじ⅓
- こしょう … 少々
- B | トマトケチャップ … 大さじ2
    | 中濃ソース … 大さじ1
    | 水 … 小さじ1
    | バター … 5g
- クレソン、ミニトマト … 各適量

作り方

1. 玉ねぎはみじん切りにする。Aはまぜ合わせる。

2. ボウルに1、ひき肉、卵、ナツメグ、塩、こしょうを入れてよくねりまぜ、2等分して小判形にする。保存袋に入れて空気を抜き、袋の口をとじて平らにし、冷凍する。

調理 （冷凍で!）

1. 凍ったままフライパンに入れてふたをし、中火にかける。フライパンがあたたまったら水大さじ2を加えて弱火にし、途中で上下を返しながら12分ほど蒸し焼きにする。

2. 耐熱容器にBを入れてラップをかけ、電子レンジで30〜40秒加熱する。器に1とクレソン、ミニトマトを盛り、ソースをかける。

PART 1 肉のおかず

ジュワ〜ッと
あふれ出る肉汁

ギョーザ

冷凍のままフライパンへ！
カリッと焼き上がった皮が
おいしさのヒミツ

Mサイズ

材料(2人分)
豚ひき肉 … 100g　　ギョーザの皮 … 12枚
キャベツ … 50g　　ごま油 … 小さじ1
にら … ¼束(25g)　　酢、しょうゆ、
塩 … 小さじ¼　　　ラー油 … 各適量

A | にんにくのすりおろし … ½かけ分
　| 酒 … 大さじ1
　| しょうゆ、ごま油 … 各小さじ½
　| かたくり粉 … 小さじ2

作り方

1 キャベツ、にらはみじん切りにし、塩をまぶして5分ほどおき、しんなりしたら水けをしぼる。

2 ボウルにひき肉、1、Aを入れてしっかりねりまぜ、12等分してギョーザの皮で包む。バットにくっつかないように入れて冷凍し、凍ったら保存袋に入れる。

調理　冷凍で！

凍ったままフライパンに並べ、中火で加熱する。フライパンがあたたまったら水をギョーザの半分くらいの高さまで加え、ふたをして3～4分蒸し焼きにする。火が通ったらふたをとって水分をとばし、フライパンのなべ肌からごま油を回し入れてカリッと焼く。器に盛り、しょうゆ、酢、ラー油を添える。

PART1 肉のおかず

パリパリの皮が
あとを引く

ピーマンの肉詰め

冷凍することでピーマンと肉の密着度がアップ！見た目よく仕上がる

Lサイズ

材料(2人分)
- 豚ひき肉 … 200g
- ピーマン … 4個
- 玉ねぎ … 1/4個
- かたくり粉 … 適量
- A
  - とき卵 … 1/2個分
  - トマトケチャップ … 大さじ1 1/2
  - 酒、かたくり粉 … 各大さじ1
  - 塩 … 小さじ1/2
  - こしょう … 少々

作り方

1. ピーマンは縦半分に切る。玉ねぎはみじん切りにする。

2. ボウルにひき肉、玉ねぎ、Aを入れてよくねりまぜる。ピーマンの内側にかたくり粉を薄く振り、肉だねを詰める。保存袋に入れて空気を抜き、袋の口をとじて平らにし、冷凍する。

調理　半解凍で！

半解凍でフライパンに入れ、ふたをして中火にかける。**フライパンがあたたまったら弱火**にし、ときどき上下を返しながら火が通るまで10〜12分蒸し焼きにする。

PART 1 肉のおかず

肉だねにしっかり味がついて◎

ドライカレー

ごはんにかけるのはもちろん、オムレツの具にしたり、レタスに包んで食べてもOK

Lサイズ

材料(2人分)

- 合いびき肉 … 200g
- 玉ねぎ … ½個
- にんじん … ⅕本(30g)
- ピーマン … 2個
- にんにく、しょうが … 各1かけ

A
- 酒、トマトケチャップ … 各大さじ2
- 中濃ソース、カレー粉 … 各大さじ1
- 塩 … 小さじ½
- こしょう … 少々

作り方

1. 玉ねぎ、にんじん、ピーマンはあらみじんに切り、にんにく、しょうがはみじん切りにする。

2. 保存袋にAとにんにく、しょうがをまぜ合わせ、ひき肉を入れて箸でさっくりとまぜる。野菜を加えて空気を抜き、袋の口をとじて平らにし、冷凍する。

調理 （半解凍で！）

半解凍でフライパンに入れ、ふたをして中火にかける。ポロポロにほぐしながら火が通るまで15分ほど蒸し焼きにし、ふたをとって水分をとばすように4〜5分いためる。味をみて、塩、こしょうでととのえる。

PART 1 | 肉のおかず

野菜の歯ごたえも
ほどよく残る

チキンナゲット

調理前の成形の手間をカット！手も汚れずカンタン＆おいしいナゲットが完成

Mサイズ

材料(2人分)

- A
  - 鶏ひき肉 … 200g
  - 玉ねぎのすりおろし … 大さじ2
  - パン粉 … ¼カップ
  - マヨネーズ、粉チーズ … 各大さじ2
  - 塩、こしょう … 各少々
- 小麦粉 … 適量
- 揚げ油 … 適量
- イタリアンパセリ … 適量

調理 冷凍で！

凍ったままポキポキ折って小麦粉をまぶし、**低温の揚げ油**に入れ、**徐々に温度を上げながら**6〜7分揚げる。油をきって器に盛り、イタリアンパセリを添える。

作り方

1. ボウルにAを入れてよくねりまぜる。
2. 保存袋に1を入れ、平らにして空気を抜き、袋の口をとじる。12等分になるように菜箸で線をつけ、冷凍する。

PART 1 | 肉のおかず

スナック感覚で
パクパク進む

えのきみそつくね

えのきを使って
ヘルシーにかさ増し！
みそがきいた和風味

Mサイズ

材料(2人分)
鶏ひき肉 … 200g
えのきだけ … 1袋
万能ねぎ … 3本
A | みそ、酒、かたくり粉
　　… 各大さじ1
　　しょうがのすりおろし
　　… 小さじ1
青じそ … 適量

作り方

1. えのきは1cm長さに切ってほぐす。万能ねぎは小口切りにする。

2. ボウルにひき肉、1、Aを入れてよくねりまぜ、4等分して小判形にする。保存袋にくっつかないように入れて空気を抜き、冷凍する。

調理 （冷凍で!）

凍ったままフライパンに入れ、中火にかける。フライパンがあたたまったら水大さじ2を加えてふたをし、弱火にして12〜15分蒸し焼きにする。途中で返し、火が通ったら器に盛り、青じそを添える。

POINT

解凍しながら火を通すので、水を加えて蒸し焼きにすると焦げにくい。

PART 1 | 肉のおかず

和製ハンバーグのような上品味

シューマイ

凍ったままレンジでチン！手軽にシューマイを楽しみたいなら断然、冷凍

Mサイズ

材料(2人分)

豚ひき肉 … 150g　シューマイの皮 … 15枚
玉ねぎ … 1/4個　酢、しょうゆ … 各適量
しいたけ … 2個

A | かたくり粉 … 小さじ2
　| しょうゆ、酒 … 各大さじ1/2
　| ごま油 … 小さじ1
　| しょうがのすりおろし
　|　　… 小さじ1
　| 塩、こしょう … 各少々

作り方

1. 玉ねぎ、しいたけはあらみじんに切る。

2. ボウルにひき肉、1、Aを入れてよくねりまぜ、15等分してシューマイの皮で包む。ラップを敷いたバットなどにくっつかないように並べて冷凍し、凍ったら保存袋に入れる。

調理 〈冷凍で！〉

凍ったまま耐熱皿にのせて水大さじ2を回しかけ、ラップをかけて電子レンジで4〜5分加熱する。器に盛り、酢じょうゆを添える。

PART 1 | 肉のおかず

しょうががほんのり香る

麻婆茄子(マーボーなす)

調味料でひと手間かけたい麻婆茄子こそ冷凍作りおきにぴったり

Lサイズ

材料(2人分)

- 豚ひき肉 … 100g
- なす … 2個(150g)
- にら … ½束(50g)
- A
  - にんにくのみじん切り、しょうがのみじん切り … 各1かけ分
  - ねぎのみじん切り … 10cm分(30g)
  - みそ、酒 … 各大さじ1
  - オイスターソース、砂糖 … 各小さじ1
  - 豆板醤 … 小さじ½
  - 鶏ガラスープのもと … 小さじ¼
- B
  - かたくり粉 … 小さじ1
  - 水 … 小さじ2

作り方

1. なすは1cm厚さの輪切りにして水にさらし、水けをきる。にらは5cm長さに切る。
2. 保存袋にAをまぜ合わせ、ひき肉を入れて箸でさっくりとまぜる。野菜を加えて空気を抜き、袋の口をとじて平らにし、冷凍する。

調理 — 半解凍で!

半解凍でフライパンに入れ、水½カップを加えてふたをし、中火にかける。煮立ったら弱火にし、ポロポロにほぐしながら8〜10分蒸し煮にする。まぜ合わせたBを加えてとろみをつける。

PART 1 | 肉のおかず

豆板醤の辛みで
食欲アップ

113

ワンタン

鶏ひき肉×きゅうりでさっぱり食べられる。凍ったまま調理でラク！

材料(2人分)

鶏ひき肉 … 80g
きゅうり … 1/2本(50g)
塩 … 少々
ワンタンの皮 … 12枚
ポン酢しょうゆ … 適量

A｜酒 … 小さじ1/2
　｜かたくり粉 … 小さじ1
　｜しょうがのすりおろし
　｜　… 小さじ1/2
　｜塩、こしょう … 各適量

作り方

1. きゅうりは2〜3mm厚さの小口切りにしてからせん切りにし、塩を振って5分ほどおく。しんなりしたら水けをきる。

2. ボウルにひき肉、1、Aを入れてよくねりまぜ、12等分し、ワンタンの皮にのせて三角に包む。ラップを敷いたバットにくっつかないように並べて冷凍し、保存袋に入れる。

冷凍で！

調理

凍ったまま沸騰した湯に入れ、3〜4分ゆでる。火が通ったら氷水に入れてしっかり冷やし、器に盛ってポン酢を添える。

PART 1 | 肉のおかず

ツルンとした
皮はやみつきに

ひき肉といんげんのケチャップいため

ピリッとした豆板醤がケチャップの酸味とマッチ。ごはんにのせて食べるのもおすすめ

箸が止まらないさっぱり味

材料(2人分)
- 合いびき肉 … 250g
- さやいんげん … 10本
- しめじ … 1袋
- にんにく … 1かけ
- A
  - トマトケチャップ … 大さじ2
  - 酒 … 大さじ1
  - 酢 … 大さじ½
  - 豆板醤 … 小さじ½
  - 塩 … 少々

作り方

1. いんげんは長さを3等分に切る。しめじは根元を落として小房に分ける。にんにくはみじん切りにする。

2. 保存袋にAとにんにくをまぜ合わせ、ひき肉を入れて箸でさっくりとまぜる。いんげん、しめじを加えて空気を抜き、袋の口をとじて平らにし、冷凍する。

Lサイズ

半解凍で!

調理

半解凍でフライパンに入れ、ふたをして中火にかける。ひき肉をポロポロにほぐしながら弱火にして10分ほど蒸し焼きにし、ふたをとって水分をとばしながら2〜3分いためる。

PART 1 肉のおかず

ガパオ風バジルいため

大人テイスト
クセになるオリエンタルな味わい。とうがらしの辛みをきかせた

バジルのあと味がさわやか

Lサイズ

材料（2人分）
豚ひき肉 … 200g
玉ねぎ … ¼個
赤パプリカ … ½個
A｜にんにくのみじん切り
　　… 1かけ分
　｜赤とうがらしの小口切り
　　… 1本分
　｜ドライバジル … 小さじ1
　｜酒、オイスターソース
　　… 各大さじ1
　｜しょうゆ、砂糖 … 各小さじ1

作り方

1　玉ねぎはあらみじんに切り、パプリカは5mm幅の細切りにする。

2　保存袋にAをまぜ合わせ、ひき肉を入れて箸でさっくりとまぜる。野菜を加えて空気を抜き、袋の口をとじて平らにし、冷凍する。

半解凍で！

調理
半解凍でフライパンに入れ、ふたをして中火にかける。ひき肉をポロポロにほぐしながら15分蒸し焼きにする。

POINT
水分をとばしすぎないようにいためると、しっとりおいしく仕上がる。

かぶのそぼろ煮

どこか懐かしいやさしい味つけにホッ！
味がたっぷりしみたかぶがおいしい

あんかけ風のとろ〜り感

材料(2人分)
- 鶏ひき肉 … 100g
- かぶ … 3個(240g)
- かぶの葉 … 3個分(100g)
- A
  - 酒 … 大さじ1
  - しょうゆ … 小さじ2
  - みりん … 大さじ1/2
  - しょうがのすりおろし … 小さじ1
  - だしのもと … 小さじ1/2
  - 塩 … 小さじ1/4
- B
  - かたくり粉 … 小さじ2
  - 水 … 小さじ4

作り方

1. かぶは4〜6等分のくし形切りにし、葉は3cm長さに切る。

2. 保存袋にAをまぜ合わせ、ひき肉を入れて箸でさっくりとまぜる。1を加えて空気を抜き、袋の口をとじて平らにし、冷凍する。

Lサイズ

半解凍で!

調理

半解凍でなべに入れ、水1/4カップを加えてふたをし、中火にかける。ひき肉をポロポロにほぐしながら弱火で13〜15分煮る。火が通ったら、まぜ合わせたBを加えてとろみをつける。

PART 1 | 肉のおかず

れんこんそぼろの葉っぱ包み

梅のすっぱさがきいたひき肉は、レタスに包んでさっぱりいただきます♪

シャキシャキ食感のれんこん

材料（2人分）
豚ひき肉 … 250g
れんこん … 100g
A │ 梅肉 … 20g
　│ しょうゆ、酒 … 各大さじ1
　│ 砂糖 … 小さじ1
　│ しょうがのすりおろし
　│ 　… 小さじ1
レタス … 適量

作り方

1　れんこんは1cm角に切って水にさらし、水けをきる。

2　保存袋にAをまぜ合わせ、ひき肉を入れて箸でさっくりとまぜる。1を加えて空気を抜き、袋の口をとじて平らにし、冷凍する。

Lサイズ

調理 　半解凍で!

半解凍でフライパンに入れ、ふたをして中火にかける。ひき肉をポロポロにほぐしながら15〜18分蒸し焼きにする。器に盛り、レタスに包んで食べる。

PART 2
ぜ〜んぶ冷凍できちゃた魚の定番おかず

鮭、さば、えび、あさりなど、栄養もうまみもたっぷりの魚介類。
「ふだん作る魚のメニューは焼き魚くらい」という
あなたに特におすすめ！
バリエに富んだ味つけで、毎日の献立のマンネリも解消します。

ちゃんちゃん焼き

バターごと冷凍すれば、仕上げ調味料なしでカンタン調理

Lサイズ

材料(2人分)
鮭 … 2切れ
ねぎ … 1/2本
キャベツ … 150g
しいたけ … 3個
A ｜ 酒 … 大さじ2
　｜ みそ … 大さじ1 1/2
　｜ 砂糖 … 大さじ1
バター … 10g

作り方

1　鮭は3等分のそぎ切りにする。ねぎは斜め薄切り、キャベツは3〜4cm四方に切る。しいたけは5mm厚さに切る。

2　保存袋にAをまぜ合わせ、鮭を入れてからめる。野菜、しいたけとバターを加えて空気を抜き、袋の口を閉じて平らにし、冷凍する。

調理　半解凍で!

半解凍でフライパンに入れ、ふたをして中火にかける。あたたまったら弱火にし、ときどきほぐしながら15分ほど蒸し焼きにする。

PART 2 魚のおかず

バターのコクが味を決める

鮭のつけ焼き

シンプルな味つけ
鮭以外にも応用可能な
調味料の比率は1：1：1。

材料（2人分）
鮭 … 2切れ
ピーマン … 2個
A｜しょうゆ、酒、みりん
　　… 各大さじ1

作り方

1. ピーマンは半分に切ってから乱切りにする。

2. 保存袋にAをまぜ合わせ、鮭を入れてからめる。ピーマンを加えて空気を抜き、袋の口を閉じて平らにし、冷凍する。

調理 （半解凍で！）

半解凍でフライパンに入れ、ふたをして中火にかける。汁けがなくなるまで12分ほど蒸し焼きにする。

POINT

汁けがなくなるまでしっかりと焼く。

PART 2 魚のおかず

ごはんに合う
黄金のつけだれ

鮭のバジルチーズフライ

パン粉にチーズとバジルをミックスして風味をアップ。サクサクの食感!

Mサイズ

材料(2人分)
- 鮭 … 2切れ
- 塩 … 小さじ1/4
- こしょう … 少々
- 小麦粉 … 適量
- とき卵 … 1個分
- A
  - パン粉 … 1/2カップ
  - 粉チーズ … 大さじ1
  - ドライバジル … 小さじ1
- 揚げ油 … 適量
- B
  - トマトケチャップ … 大さじ2
  - タバスコ … 少々

調理 冷凍で!

凍ったまま低温の揚げ油に入れ、きつね色になるまで7〜8分揚げる。油をきって器に盛り、まぜ合わせたBを添える。

作り方

1 鮭は4等分のそぎ切りにして、塩、こしょうを振る。小麦粉、とき卵、まぜ合わせたAを順にまぶして衣をつける。くっつかないようにバットなどにのせて冷凍し、凍ったら保存袋に入れる。

PART 2 魚のおかず

洋風衣と鮭の絶妙コンビ

鮭のガーリックバター蒸し

まるごと耐熱皿に入れて電子レンジでチン！
バターとにんにくがアクセント

Lサイズ

材料(2人分)
- 鮭 … 2切れ
- 豆苗 … 1袋
- しめじ … 1袋
- A
  - にんにくの薄切り … 1かけ分
  - 酒 … 大さじ1
  - 塩 … 小さじ1/3
  - こしょう … 少々
- バター … 10g

作り方

1 豆苗は長さを半分に切る。しめじは小房に分ける。

2 保存袋にAをまぜ合わせ、鮭を入れてからめる。1とバターを加えて空気を抜き、袋の口を閉じて平らにし、冷凍する。

調理 (半解凍で!)

半解凍で耐熱皿にのせ、電子レンジで8〜9分、途中で1〜2回とり出し、全体をまぜながら加熱する。

PART 2 魚のおかず

バターのおかげで
ふっくら仕上げ

鮭としいたけのうま煮

ゴロッと入ったしいたけと、オイスターソースのコクが絶妙にマッチ

Lサイズ

材料（2人分）
- 鮭 … 2切れ
- しいたけ … 4個
- ねぎ … 1本
- A
  - しょうがのせん切り … 1かけ分
  - 酒、オイスターソース … 各大さじ1
  - しょうゆ … 小さじ2
  - 砂糖 … 大さじ½

作り方

1. 鮭は一口大のそぎ切りにする。しいたけは半分に切る。ねぎは1cm厚さの斜め切りにする。

2. 保存袋にAをまぜ合わせ、鮭を入れてからめる。しいたけ、ねぎを加えて空気を抜き、袋の口を閉じて平らにし、冷凍する。

調理　半解凍で！

半解凍でなべに入れ、水¼カップを加えてふたをし、中火にかける。煮立ったら弱火にし、ときどきほぐしながら10～12分蒸し煮にする。ふたをとって4～5分煮詰める。

PART 2 | 魚のおかず

中華風の味でマンネリ打破

鮭とブロッコリーのトマト煮

食材の定番"鮭"とトマトで洋風に。パンにもごはんにもぴったり

Lサイズ

材料(2人分)
- 鮭 … 2切れ
- ブロッコリー … 120g
- 玉ねぎ … 1/4個
- A
  - トマト缶(ホール) … 1/2缶(200g)
  - 酒 … 大さじ1
  - オリーブ油 … 大さじ1/2
  - 洋風スープのもと、塩 … 各小さじ1/2
  - こしょう … 少々

作り方

1. 鮭は一口大のそぎ切りにする。ブロッコリーは小房に分け、玉ねぎは薄切りにする。

2. 保存袋にAを入れてトマトをつぶし、鮭を入れてからめる。野菜を加えて空気を抜き、袋の口を閉じて平らにし、冷凍する。

調理 — 半解凍で!

半解凍でフライパンに入れて水大さじ2を加え、ふたをして中火にかける。煮立ったら弱火にし、ほぐしながら8〜10分蒸し煮にする。ふたをとって3〜4分煮詰め、味をみて、塩、こしょうでととのえる。

PART 2 魚のおかず

トマトが鮭に
おいしくからむ

鮭と小松菜の中華蒸し

レンチンの簡単蒸しでヘルシー魚料理が完成

しょうがの香りが◎

Lサイズ

材料（2人分）
鮭 … 2切れ
小松菜 … 1束（200g）
にんじん … 1/5本（30g）

A │ しょうがのせん切り
　　　… 1かけ分
　│ 酒、酢 … 各大さじ1
　│ しょうゆ … 大さじ1½
　│ ごま油 … 大さじ½
　│ 塩、こしょう … 各少々

作り方

1. 小松菜は5cm長さに切る。にんじんは細切りにする。

2. 保存袋にAをまぜ合わせ、鮭を入れてからめる。野菜を加えて空気を抜き、袋の口を閉じて平らにし、冷凍する。

調理 　半解凍で！

半解凍で耐熱皿に入れ、ラップをかけて電子レンジで15分ほど加熱する。途中で1～2回とり出し、全体をまぜながら加熱する。

鮭のピリ辛ポン酢いため

すっぱ辛い味つけで食欲アップ。ポン酢を使えば味が即キマる

PART 2 魚のおかず

サッパリ気分の日にはコレ!

Lサイズ

材料(2人分)
- 鮭 … 2切れ
- 玉ねぎ … 1/2個
- さやいんげん … 6本
- 赤とうがらし … 1本
- A │ ポン酢しょうゆ … 大さじ2
  │ 酒 … 大さじ1
  │ 砂糖 … 小さじ2

作り方

1. 鮭は4等分のそぎ切りにする。玉ねぎはくし形切り、いんげんは3〜4等分に切る。とうがらしは小口切りにする。

2. 保存袋にAととうがらしを入れてまぜ合わせ、鮭を入れてからめる。野菜を加えて空気を抜き、袋の口を閉じて平らにし、冷凍する。

調理 半解凍で!

半解凍でフライパンに入れ、ふたをして中火にかける。あたたまったら弱火にして10〜12分蒸し焼きにし、ふたをとって水分をとばしながら2〜3分いためる。

めかじきの甘酢あんかけ

とろ〜りとした甘酢あんが魚や野菜にからんで、のどごしよく食べられる

材料(2人分)
- めかじき … 2切れ
- にんじん … 1/5本(30g)
- ピーマン … 2個
- 玉ねぎ … 1/4個
- A | 酒 … 大さじ2
    | しょうゆ、酢、砂糖 … 各大さじ1 1/2
- B | かたくり粉 … 大さじ1/2
    | 水 … 大さじ1

調理　半解凍で！
半解凍でフライパンに入れ、**ふたをして中火**にかける。ときどき返しながら12〜13分蒸し焼きにし、火が通ったらまぜ合わせた**B**でとろみをつける。

作り方

1. にんじんはせん切り、ピーマンは5mm幅に切る。玉ねぎは薄切りにする。

2. 保存袋に**A**をまぜ合わせ、めかじきを入れてからめる。**1**を加えて空気を抜き、袋の口を閉じて平らにし、冷凍する。

PART 2 魚のおかず

細切り野菜にあんがからむ

めかじきとブロッコリーのペペロンいため

オリーブオイルにつけておくことで、めかじきがふっくらやわらかく仕上がる

Lサイズ

材料(2人分)
- めかじき … 2切れ
- ブロッコリー … 120g
- 玉ねぎ … 1/4個
- A
  - にんにく … 1かけ
  - 赤とうがらし … 1本
  - オリーブ油、酒 … 各大さじ1
  - 塩 … 小さじ1/2
  - こしょう … 少々

作り方

1. めかじきは一口大に切る。ブロッコリーは小房に分ける。玉ねぎは5mm厚さに切る。Aのにんにくはみじん切り、とうがらしは小口切りにする。

2. 保存袋にAをまぜ合わせ、めかじきを入れてからめる。野菜を加えて空気を抜き、袋の口を閉じて平らにし、冷凍する。

調理 （半解凍で！）

半解凍でフライパンに入れ、ふたをして中火にかける。ときどきほぐしながら10分ほど蒸し焼きにし、仕上げにふたをとって水分をとばしながら1〜2分いためる。味をみて、塩、こしょうでととのえる。

PART 2 | 魚のおかず

とうがらしでメリハリあり

めかじきとキャベツのレモンマリネ

レモンスライスでさっぱり風味に。仕上げに添えればおもてなしおかずにも◎

Lサイズ

材料(2人分)
- めかじき … 2切れ
- キャベツ … 150g
- にんにく … 1かけ
- レモンの薄切り … 2切れ
- A
  - レモン汁、オリーブ油 … 各大さじ1
  - 塩 … 小さじ½強
  - こしょう … 少々

作り方
1. キャベツはざく切り、にんにくは薄切りにする。
2. 保存袋にAをまぜ合わせ、めかじきを入れてからめる。キャベツ、にんにく、レモンを加えて空気を抜き、袋の口を閉じて平らにし、冷凍する。

半解凍で!

調理

半解凍で耐熱皿に入れ、火が通るまで電子レンジで7〜8分、途中で1〜2回とり出し、全体をまぜながら加熱する。器に盛り、あらびき黒こしょう(分量外)を振る。

POINT

保存袋に入れるときに、めかじきにレモンやにんにくをのせるように冷凍すると、香りがつきやすい。

PART 2 魚のおかず

魚のくさみゼロでさっぱり！

めかじきと小松菜の甘辛いため

小松菜は冷凍するとしんなりして食べやすく。めかじきとも相性バツグン！

Lサイズ

材料(2人分)
- めかじき … 2切れ
- 小松菜 … 1束(200g)
- A │ しょうゆ、酒、みりん … 各大さじ1
-   │ 砂糖 … 小さじ1

作り方

1. めかじきは1cm厚さのそぎ切りにする。小松菜は5cm長さに切る。

2. 保存袋にAをまぜ合わせ、めかじきを入れてからめる。小松菜を加えて空気を抜き、袋の口を閉じて平らにし、冷凍する。

調理 半解凍で！

半解凍でフライパンに入れ、ふたをして中火にかける。あたたまったら弱火にし、ときどきほぐしながら7〜8分蒸し焼きにする。ふたをとって水分をとばしながら3〜4分いためる。

PART 2 | 魚のおかず

肉のような
がっつりメニュー

めかじきとカリフラワーのコーンクリーム煮

ほんのり甘いクリームコーン缶を使えば、簡単にプロ級の洋風味に

Lサイズ

材料(2人分)
- めかじき … 2切れ
- カリフラワー … 120g
- しめじ … 1袋
- A
  - クリームコーン缶 … 1缶(180g)
  - 牛乳 … 大さじ4
  - 砂糖、塩 … 各小さじ½
  - こしょう … 少々

作り方
1. カリフラワー、しめじは小房に分ける。
2. 保存袋にAをまぜ合わせ、めかじきを入れてからめる。1を加えて空気を抜き、袋の口を閉じて平らにし、冷凍する。

調理　半解凍で!

半解凍でフライパンに入れ、ふたをして中火にかける。煮立ったら弱火にし、ときどきほぐしながら10〜12分煮る。味をみて、塩、こしょうでととのえる。

PART 2 魚のおかず

シチュー感覚で食べられる

めかじきの
ねぎだれレンジ蒸し

乾燥わかめとレンチンで
下ごしらえも調理も手間いらず

Lサイズ

材料(2人分)
- めかじき … 2切れ
- ねぎ … 1本
- わかめ(乾燥) … 大さじ1
- A
  - 酒、しょうゆ … 各大さじ1
  - ごま油、酢 … 各大さじ½
  - 塩、こしょう … 各少々

作り方

1. ねぎは斜め薄切りにする。
2. 保存袋にAをまぜ合わせ、めかじきを入れてからめる。ねぎ、わかめをそのまま加えて空気を抜き、袋の口を閉じて平らにし、冷凍する。

調理 〈半解凍で!〉
半解凍で耐熱皿に入れ、ラップをして電子レンジで12分、途中で1～2回とり出し、全体をまぜて加熱する。

POINT
わかめは調味料や食材から出る水分で加熱中にもどるので、乾燥のまま加えてOK。

PART 2 魚のおかず

わかめとねぎが
絶妙マッチ

147

めかじきとパプリカのマヨポンいため

マヨネーズとポン酢で味がキマる！
カラフルなパプリカで彩りも完璧

マヨネーズのコクが決め手

Lサイズ

材料(2人分)
めかじき … 2切れ
赤パプリカ、黄パプリカ
　… 各1/2個
A | マヨネーズ … 大さじ2
　| ポン酢しょうゆ … 大さじ1 1/2
　| すり白ごま … 大さじ1
　| 塩 … 少々

作り方

1. めかじきは1cm角の棒状に切る。パプリカは1cm幅の細切りにする。

2. 保存袋にAをまぜ合わせ、めかじきを入れてからめる。パプリカを加えて空気を抜き、袋の口を閉じて平らにし、冷凍する。

調理 　半解凍で！

半解凍でフライパンに入れ、ふたをして中火にかける。あたたまったら弱火にし、ときどき上下を返しながら火が通るまで10分ほど蒸し焼きにする。味をみて、塩でととのえる。

PART 2 魚のおかず

めかじきのタンドーリ

カレー粉で味つけのマンネリを解消。グリルにはホイルを敷いて汚れを防止

Mサイズ

パクチーとの相性バツグン

材料(2人分)
めかじき … 2切れ
A | ヨーグルト(無糖) … 大さじ3
　| トマトケチャップ … 大さじ2
　| カレー粉 … 小さじ2
　| 塩 … 小さじ1/3
　| にんにくのすりおろし
　|　　… 小さじ1/2
パクチー … 適量

作り方

1 保存袋にAをまぜ合わせ、めかじきを入れてからめる。空気を抜き、袋の口を閉じて平らにし、冷凍する。

調理 　解凍で!

解凍してつけだれを軽くぬぐい、グリルに入れる。中火にして火が通るまで7〜8分焼く。器に盛り、ざく切りにしたパクチーを添える。

アクアパッツァ

おもてなしメニューとしても活躍。トマトやにんにくの風味がおいしさを引き出す

Lサイズ

材料(2人分)
- 白身魚(たいなど) … 2切れ
- あさり … 200g
- ミニトマト … 6個
- にんにく … 1かけ
- A
  - ローリエ … 1枚
  - 白ワイン … 大さじ2
  - オリーブ油 … 大さじ1
  - 塩 … 小さじ¼
  - こしょう … 少々
- パセリのみじん切り … 少々

作り方

1. あさりは砂出しする。にんにくはみじん切りにする。

2. 保存袋にAとにんにくを入れてまぜ、白身魚を入れてからめる。あさりとミニトマトを加えて空気を抜き、袋の口を閉じて平らにし、冷凍する。

調理 — 半解凍で!

半解凍でフライパンに入れて水¼カップを入れ、ふたをして中火にかける。煮立ったら弱火にし、ときどきほぐしながら8〜9分蒸し煮にする。火が通ったら器に盛り、パセリを振る。

POINT

あさりは加熱しすぎるとかたくなるので、口があいたらとり出す。

PART 2 | 魚のおかず

あさりのうまみが白身魚を格上げ

151

たらとブロッコリーのアヒージョ

たっぷりのオリーブ油につけて冷凍すれば、たらがしっとり食感に

Lサイズ

材料(2人分)
- たら … 2切れ
- ブロッコリー … 120g
- しいたけ … 2個
- にんにく … 1かけ
- A | オリーブ油 … 1カップ
  | 塩 … 小さじ2/3
  | こしょう … 少々

作り方

1. たらは一口大に切る。ブロッコリーは小房に分け、しいたけは四つ割りにする。にんにくはみじん切りにする。

2. 保存袋にAをまぜ合わせ、たらを入れてからめる。にんにくとブロッコリー、しいたけを加えて空気を抜き、袋の口を閉じて平らにし、冷凍する。

調理 （半解凍で!）

半解凍で小なべに入れ、ふたをして中火にかける。煮立ったら弱火にし、ときどきまぜながら火が通るまで15分ほど煮る。味をみて、塩、こしょうでととのえる。

PART 2 | 魚のおかず

オイルベースのシンプル味

153

たらのねぎみそレンジ蒸し

ほんのり甘くやさしい味つけ。栄養満点の野菜がたっぷり

Lサイズ

材料(2人分)
- たら … 2切れ
- ねぎ … 10cm
- 小松菜 … 1/2束(100g)
- にんじん … 1/3本(50g)
- A
  - 酒 … 大さじ2
  - みそ … 大さじ1 1/2
  - 砂糖 … 小さじ2
  - しょうゆ … 小さじ1

調理 半解凍で!

半解凍で耐熱皿に入れ、ラップをして電子レンジで8～10分加熱する。途中で1～2回とり出し、ほぐしながら加熱する。

作り方

1. たらは一口大に切る。ねぎはみじん切りにする。小松菜は5cm長さに切り、にんじんは2～3mm角の棒状に切る。

2. 保存袋にAとねぎをまぜ合わせ、たらを入れてからめる。小松菜とにんじんを加えて空気を抜き、袋の口を閉じて平らにし、冷凍する。

PART 2 | 魚のおかず

淡泊なたらに
みそで深みを

たらとかぶのめんつゆ煮

しょうがの風味がめんつゆと合う！かぶをまるごと食べられる一品

ごはんに合うやさしい煮魚

Lサイズ

材料(2人分)
- たら … 2切れ
- かぶ … 2個(120g)
- かぶの葉 … 2個分(100g)
- A
  - しょうがの薄切り … 3切れ
  - めんつゆ(2倍濃縮) … 大さじ3
  - 酒 … 大さじ2

作り方

1. かぶは6〜8等分のくし形切り、かぶの葉はざく切りにする。

2. 保存袋にAをまぜ合わせ、たらを入れてからめる。1を加えて空気を抜き、袋の口を閉じて平らにし、冷凍する。

調理 〔半解凍で！〕

半解凍でなべに入れて水¼カップを加え、ふたをして中火にかける。煮立ったら弱火にし、火が通るまで15分ほど蒸し煮にする。

PART 2 | 魚のおかず

たらとじゃがいも、ねぎのさっぱり煮

冷凍してやわらかさを増したじゃがいもとほどよい酸味が好相性

香味野菜がきいた中華味

Lサイズ

材料(2人分)
- たら … 2切れ
- じゃがいも … 2個(200g)
- ねぎ … 1/2本
- A
  - にんにくのみじん切り、しょうがのみじん切り … 各1かけ分
  - 酒 … 大さじ1
  - オイスターソース、しょうゆ … 各小さじ2
  - 酢 … 大さじ1/2
  - 塩 … 小さじ1/4

調理 （半解凍で!）

半解凍でなべに入れて水1/4カップを加え、ふたをして中火にかける。煮立ったら弱火にし、ときどきほぐしながら10〜12分煮る。ふたをとって2〜3分煮詰める。

作り方

1. たらは一口大のそぎ切りにする。じゃがいもは1cm厚さの半月切りにして水にさらし、水けをきる。ねぎは1cm厚さの斜め切りにする。

2. 保存袋にAをまぜ合わせ、たらを入れてからめる。じゃがいも、ねぎを加えて空気を抜き、袋の口を閉じて平らにし、冷凍する。

ぶりの照り焼き

魚料理のテッパン！
シンプルな味つけで調理もカンタン
だから、いつでも作れる

Mサイズ

材料(2人分)
ぶり … 2切れ
ねぎ … 2/3本
A｜しょうゆ、酒、みりん
　　… 各大さじ1
　｜砂糖 … 小さじ1

作り方

1. ねぎは4cm長さに切る。

2. 保存袋にAをまぜ合わせ、ぶりとねぎを入れてからめる。空気を抜き、袋の口を閉じて平らにし、冷凍する。

調理　半解凍で！

半解凍でフライパンに入れ、ふたをして中火にかける。**あたたまったら弱火**にし、火が通るまで13分ほど蒸し焼きにする。

PART 2 魚のおかず

添えたねぎにも
満点のうまみが

ぶりのみぞれ煮

大根おろしにつけ込むと魚特有のくさみがとれ、ふっくら仕上がる

材料(2人分)
- ぶり … 2切れ
- 大根 … 150g
- A
  - 酒 … 大さじ1
  - しょうゆ、みりん … 各大さじ½
  - だしのもと … 小さじ¼
  - 塩 … 小さじ⅛
- 万能ねぎの小口切り … 適量

作り方
1. 大根はすりおろして軽く水けをきる。
2. 保存袋にAをまぜ合わせ、ぶりを入れてからめる。大根おろしを加えて空気を抜き、袋の口を閉じて平らにし、冷凍する。

調理 （半解凍で!）
半解凍でなべに入れ、水¼カップを加えてふたをする。中火にかけて煮立ったら弱火にし、火が通るまで10〜12分煮る。器に盛って万能ねぎを振る。

PART 2 魚のおかず

大根おろしでぶりがサッパリ

えびチリ

ピリ辛の豆板醤と酸味のあるケチャップがマッチ。本格中華をおうちでどうぞ

Mサイズ

材料(2人分)
えび … 10尾
かたくり粉 … 適量
塩、こしょう … 各少々
にんにく、しょうが … 各1かけ
ねぎ … 5cm
A | トマトケチャップ … 大さじ2
  | しょうゆ、砂糖、酢、豆板醤 … 各小さじ½
B | かたくり粉 … 小さじ1
  | 水 … 小さじ2

調理 　半解凍で!

半解凍でフライパンに入れ、ふたをして弱火にかける。ときどき上下を返しながら火が通るまで7分ほど蒸し焼きにし、まぜ合わせたBでとろみをつける。

作り方

1. えびは殻をむいて背わたをとり、かたくり粉をまぶしてよくもみ込む。流水でしっかり洗って水けをふき、塩、こしょうを振る。にんにく、しょうが、ねぎはみじん切りにする。

2. 保存袋にAをまぜ合わせ、1を入れてからめる。空気を抜き、袋の口を閉じて平らにし、冷凍する。

PART 2 | 魚のおかず

プリプリえびを
ピリ辛味で

163

えびと白菜のとろみ煮

冷凍したやわらかい野菜がとろ～りおいしい

あっさり中華味がクセになる

材料(2人分)
- えび … 10尾
- かたくり粉 … 適量
- 白菜 … 250g
- にんじん … 1/5本(30g)
- にら … 1/3束(30g)
- **A**
  - しょうがのせん切り … 1かけ分
  - 酒 … 大さじ1
  - しょうゆ … 大さじ1/2
  - ごま油 … 小さじ1
  - 鶏ガラスープのもと、塩 … 各小さじ1/2
  - こしょう … 少々
- **B**
  - かたくり粉 … 大さじ1
  - 水 … 大さじ2

作り方

1 えびは殻をむいて背わたをとり、かたくり粉をまぶしてもみ、流水で洗って水けをふく。白菜は4cm大のそぎ切りにする。にんじんは2～3mm厚さの半月切りにする。にらは5cm長さに切る。

2 保存袋にAをまぜ合わせ、えびを入れてもみ込む。野菜を加えて空気を抜き、袋の口を閉じて平らにし、冷凍する。

調理 〔半解凍で！〕

半解凍でフライパンに入れ、水1/4カップを加えてふたをし、中火にかける。煮立ったら弱火にし、火が通るまで6～7分煮、まぜ合わせたBでとろみをつける。

PART 2　魚のおかず

えびマヨ

油分の多いマヨネーズにつけ込むと、えびのプリッと食感がアップ

Mサイズ

マヨ×ケチャの鉄板コンビ

材料（2人分）
えび … 10尾
かたくり粉 … 適量
A｜マヨネーズ、トマトケチャップ … 各大さじ1
　　かたくり粉、砂糖 … 各小さじ1/4
　　塩、こしょう … 各少々

作り方

1. えびは殻をむいて背わたをとり、かたくり粉をまぶしてもみ、流水で洗って水けをふく。

2. 保存袋にAをまぜ合わせ、えびを入れてもみ込む。空気を抜いて袋の口を閉じ、平らにして冷凍する。

調理　半解凍で！

半解凍でフライパンに入れ、ふたをして弱火にかける。上下を返しながら、火が通るまで6〜7分蒸し焼きにする。

POINT
焦げやすいので弱火でいためること。

あさりとチンゲンサイのピリ辛いため

あさりから出たうまみが豆板醤の辛みと合わさって、おいしさが倍増！

Lサイズ

材料(2人分)
- あさり … 200g
- チンゲンサイ … 2株(300g)
- A ｜ 酒 … 大さじ1
  ｜ ごま油 … 大さじ½
  ｜ 豆板醤 … 小さじ½

作り方

1. あさりは砂出しする。チンゲンサイは長さを3等分に切り、茎は6等分のくし形切りにする。

2. 保存袋にAをまぜ合わせ、あさりとチンゲンサイを入れる。空気を抜き、袋の口を閉じて平らにし、冷凍する。

調理 〔半解凍で！〕

半解凍でフライパンに入れ、水大さじ2を加えてふたをし、中火にかける。ときどきまぜながら、火が通るまで7～8分蒸し焼きにする。ふたをとって水分をとばしながら3～4分いため、味をみて、塩、こしょうでととのえる。

POINT

あさりは加熱しすぎるとかたくなるので、口があいたらいったんとり出し、最後にさっとからめると、やわらかく仕上がる。

PART 2 魚のおかず

あさりの塩けが辛みを引き立てる

167

いかのバジルいため

バジルとにんにくで風味豊かに。いかはかたくならないようにさっといためて

Lサイズ

材料(2人分)
いか … 1ぱい
赤パプリカ、黄パプリカ … 各½個
にんにく … 1かけ
A ｜ ドライバジル … 小さじ1
　｜ オリーブ油 … 小さじ2
　｜ 塩 … 小さじ⅓
　｜ こしょう … 少々

作り方

1. いかはわたを抜き、胴は1cm幅の輪切りに、足は2〜3本ずつに切り分ける。パプリカは一口大に切る。にんにくはみじん切りにする。

2. 保存袋にAとにんにくをまぜ合わせ、いかを入れてからめる。パプリカを加えて空気を抜き、袋の口を閉じて平らにし、冷凍する。

調理 半解凍で!

半解凍でフライパンに入れ、ふたをして中火にかける。**ときどきほぐしながら8〜9分蒸し焼きにする**。ふたをとり、水分をとばしながら1〜2分いためる。

PART 2 | 魚のおかず

バジルでいかを
イタリアンに

いかのマヨいため

淡泊ないかも
マヨネーズのコクで
ワンランク上の味に

Lサイズ

材料(2人分)
- いか … 1ぱい
- しめじ … 1袋
- グリーンアスパラガス … 3本
- A | マヨネーズ … 大さじ2
  | しょうゆ … 小さじ2

作り方

1. いかはわたを抜き、胴は1cm幅の輪切りに、足は2〜3本ずつに切り分ける。アスパラは1cm厚さの斜め切りにする。

2. 保存袋にAをまぜ合わせ、いかを入れてからめる。しめじ、アスパラを加えて空気を抜き、袋の口を閉じて平らにし、冷凍する。

調理 半解凍で!

半解凍でフライパンに入れ、ふたをして中火にかける。**ときどきほぐしながら7〜8分蒸し焼きにし、ふたをとって水分をとばしながら1〜2分いためる。**

PART 2 魚のおかず

しょうゆ&マヨが
やみつきに

171

さばの
トマトソースソテー

ローリエで魚のくさみをオフ。
トマトのやさしい酸味が
さばにマッチ

Lサイズ

材料(2人分)
- さば … 1/2尾
- トマト … 1個(200g)
- 玉ねぎ … 1/4個
- ズッキーニ … 1/2本(75g)
- A
  - ローリエ … 1枚
  - 酒、オリーブ油 … 各大さじ1
  - 塩 … 小さじ1/4
  - こしょう … 少々

作り方

1 さばは半分に切る。トマトは1.5cm角に切る。玉ねぎは薄切り、ズッキーニは1cm厚さの輪切りにする。

2 保存袋にAをまぜ合わせ、さばを入れてからめる。野菜を加えて空気を抜き、袋の口を閉じて平らにし、冷凍する。

調理 〈半解凍で!〉

半解凍でフライパンに入れ、ふたをして中火にかける。トマトソースがトロッとするまで8〜10分煮る。ズッキーニは火が通ったら先にとり出す。味をみて、塩、こしょうでととのえる。器にさばとズッキーニを盛り、トマトソースをかける。

POINT

ズッキーニは色が変わってしまうので、火が通ったらとり出す。トマトソースは、トロッとするまでしっかり煮詰めること。

PART 2 | 魚のおかず

さばにトマトがよく合う！

さばのみそ煮

甘辛いみそ味があとを引く
つけ合わせとともにつけ込んで。

Mサイズ

材料(2人分)
- さば … ½尾
- ししとうがらし … 4本
- しょうがの薄切り … 3切れ
- A
  - 酒 … 大さじ2
  - みそ、みりん … 各大さじ1½
  - 砂糖 … 小さじ2
  - しょうゆ … 小さじ½

作り方

1 さばは半分に切る。保存袋にAをまぜ合わせ、さば、ししとう、しょうがを入れてからめる。空気を抜き、袋の口を閉じて平らにし、冷凍する。

調理 〈半解凍で!〉

半解凍でフライパンに入れ、水大さじ2を加える。ふたをして中火にかけ、<u>煮立ったら弱火</u>にする。ときどきさばに煮汁をかけながら、火が通るまで12〜13分煮る。

PART 2 | 魚のおかず

みその香りが口に広がる

さばの からし竜田揚げ

下味にからしをプラスすると、ピリッと深みのある大人の味に仕上がる

Lサイズ

材料(2人分)
- さば … 1/2尾
- れんこん … 120g
- A | しょうゆ、酒 … 各大さじ1
    | ねりがらし … 小さじ1
- かたくり粉 … 適量
- 揚げ油 … 適量

調理 解凍で!

解凍してかたくり粉をまぶし、中温に熱した揚げ油で3〜4分揚げる。

作り方

1. さばは2cm厚さのそぎ切りにする。れんこんは1cm厚さの半月切りにして水にさらし、水けをきる。

2. 保存袋にAをまぜ合わせ、さば、れんこんを入れてからめる。空気を抜き、袋の口を閉じて平らにし、冷凍する。

PART 2 | 魚のおかず

食べたあとに
ほんのり辛み

177

さばの カレーチーズムニエル

さばに酒をからめる
ひと手間で
クセのないカレー風味が楽しめる

Lサイズ

材料(2人分)
さば … ½尾
酒 … 大さじ½
A ┃ 粉チーズ … 大さじ1
　┃ カレー粉 … 小さじ¼
　┃ 塩 … 小さじ⅛
　┃ こしょう … 少々
トマト、ベビーリーフ … 各適量

作り方

1 さばは半分に切って酒をからめて5分ほどおき、水けをふきとる。まぜ合わせたAを全体にまぶす。くっつかないように離して保存袋に入れて空気を抜き、袋の口を閉じて平らにし、冷凍する。

調理

冷凍で!

凍ったままフライパンに入れ、ふたをして弱火にかける。火が通るまで7～8分蒸し焼きにし、ふたをとって強火で1分焼く。器に盛ってトマト、ベビーリーフを添える。

POINT

蒸し焼きではカリッとした焼き目がつかないので、火が通ったら強火にして1分ほど焼くのがおすすめ。

PART 2 魚のおかず

カレーとチーズの割合が絶妙

さばと小松菜のおろし蒸し

たっぷりの大根おろしでさっぱり。小松菜で彩りもアップ。

大根おろしに味がしっかり

材料(2人分)
- さば … 1/2尾
- 小松菜 … 1/2束(100g)
- 大根 … 200g
- A
  - しょうがのすりおろし … 1かけ分
  - 酒 … 大さじ2
  - しょうゆ … 大さじ1

作り方

1 さばは半分に切る。小松菜は5cm長さに切る。大根はすりおろして、水けをきる。

2 保存袋にAをまぜ合わせ、さばを入れてからめる。野菜を加えて空気を抜き、袋の口を閉じて平らにし、冷凍する。

調理 半解凍で!

半解凍で耐熱皿に入れ、ラップをして電子レンジで8〜10分加熱する。途中で1〜2回とり出して、ほぐしながら加熱する。

PART 2 | 魚のおかず

しょうゆ&マヨが
やみつきに

さばのトマトソースソテー

ローリエで魚のくさみをオフ。トマトのやさしい酸味がさばにマッチ

Lサイズ

材料(2人分)
- さば … 1/2尾
- トマト … 1個(200g)
- 玉ねぎ … 1/4個
- ズッキーニ … 1/2本(75g)
- A
  - ローリエ … 1枚
  - 酒、オリーブ油 … 各大さじ1
  - 塩 … 小さじ1/4
  - こしょう … 少々

作り方

1. さばは半分に切る。トマトは1.5cm角に切る。玉ねぎは薄切り、ズッキーニは1cm厚さの輪切りにする。

2. 保存袋にAをまぜ合わせ、さばを入れてからめる。野菜を加えて空気を抜き、袋の口を閉じて平らにし、冷凍する。

調理 〈半解凍で!〉

半解凍でフライパンに入れ、ふたをして中火にかける。トマトソースがトロッとするまで8〜10分煮る。ズッキーニは火が通ったら先にとり出す。味をみて、塩、こしょうでととのえる。器にさばとズッキーニを盛り、トマトソースをかける。

POINT

ズッキーニは色が変わってしまうので、火が通ったらとり出す。トマトソースは、トロッとするまでしっかり煮詰めること。

PART 2 魚のおかず

さばにトマトがよく合う！

さばのみそ煮

つけ合わせとともにつけ込んで。
甘辛いみそ味があとを引く

Mサイズ

材料(2人分)
さば … 1/2尾
ししとうがらし … 4本
しょうがの薄切り … 3切れ
A │ 酒 … 大さじ2
  │ みそ、みりん … 各大さじ1½
  │ 砂糖 … 小さじ2
  │ しょうゆ … 小さじ½

調理　半解凍で!

半解凍でフライパンに入れ、水大さじ2を加える。ふたをして中火にかけ、<u>煮立ったら弱火</u>にする。ときどきさばに煮汁をかけながら、火が通るまで12〜13分煮る。

作り方

1　さばは半分に切る。保存袋にAをまぜ合わせ、さば、ししとう、しょうがを入れてからめる。空気を抜き、袋の口を閉じて平らにし、冷凍する。

PART 2 魚のおかず

みその香りが口に広がる

さばの からし竜田揚げ

下味にからしをプラスすると、ピリッと深みのある大人の味に仕上がる

Lサイズ

材料（2人分）
- さば … ½尾
- れんこん … 120g
- A │ しょうゆ、酒 … 各大さじ1
  │ ねりがらし … 小さじ1
- かたくり粉 … 適量
- 揚げ油 … 適量

調理 解凍で！

解凍してかたくり粉をまぶし、中温に熱した揚げ油で3〜4分揚げる。

作り方

1. さばは2cm厚さのそぎ切りにする。れんこんは1cm厚さの半月切りにして水にさらし、水けをきる。

2. 保存袋にAをまぜ合わせ、さば、れんこんを入れてからめる。空気を抜き、袋の口を閉じて平らにし、冷凍する。

PART 2 魚のおかず

食べたあとに
ほんのり辛み

177

さばの
カレーチーズムニエル

さばに酒をからめる
ひと手間で
クセのないカレー風味が楽しめる

Lサイズ

材料(2人分)
さば … 1/2尾
酒 … 大さじ1/2
A｜粉チーズ … 大さじ1
　｜カレー粉 … 小さじ1/4
　｜塩 … 小さじ1/8
　｜こしょう … 少々
トマト、ベビーリーフ … 各適量

作り方

1　さばは半分に切って酒をからめて5分ほどおき、水けをふきとる。まぜ合わせたAを全体にまぶす。くっつかないように離して保存袋に入れて空気を抜き、袋の口を閉じて平らにし、冷凍する。

冷凍で!

調理

凍ったままフライパンに入れ、ふたをして弱火にかける。火が通るまで7〜8分蒸し焼きにし、ふたをとって強火で1分焼く。器に盛ってトマト、ベビーリーフを添える。

POINT

蒸し焼きではカリッとした焼き目がつかないので、火が通ったら強火にして1分ほど焼くのがおすすめ。

PART 2 | 魚のおかず

カレーとチーズの
割合が絶妙

さばと小松菜のおろし蒸し

たっぷりの大根おろしでさっぱり。小松菜で彩りもアップ

大根おろしに味がしっかり

Lサイズ

材料(2人分)
- さば … 1/2尾
- 小松菜 … 1/2束(100g)
- 大根 … 200g
- A
  - しょうがのすりおろし … 1かけ分
  - 酒 … 大さじ2
  - しょうゆ … 大さじ1

作り方

1. さばは半分に切る。小松菜は5cm長さに切る。大根はすりおろして、水けをきる。

2. 保存袋にAをまぜ合わせ、さばを入れてからめる。野菜を加えて空気を抜き、袋の口を閉じて平らにし、冷凍する。

調理 半解凍で!

半解凍で耐熱皿に入れ、ラップをして電子レンジで8〜10分加熱する。途中で1〜2回とり出して、ほぐしながら加熱する。

PART 2 魚のおかず

さばの中華風香味焼き

グリルで焼くことで、さばもかぼちゃも香ばしく。こんがり焼き目がおいしそう！

パリッと焼いておいしく完食

Lサイズ

材料(2人分)
さば … 1/2尾
かぼちゃ … 120g　ねぎ … 5cm
A　にんにくのすりおろし
　　　… 小さじ1
　　ごま油、しょうゆ、酒
　　　… 各大さじ1
　　豆板醤 … 小さじ1/3
　　塩、こしょう … 各少々

作り方

1　さばは半分に切る。かぼちゃは1cm厚さのくし形切りにする。ねぎはみじん切りにする。

2　保存袋にねぎとAをまぜ合わせ、さばを入れてからめる。かぼちゃを加えて空気を抜き、袋の口を閉じて平らにし、冷凍する。

調理　解凍で！

解凍してグリルに入れ、火が通るまで中火で8分ほど焼く。かぼちゃは火が通ったら先にとり出す。

あじフライ

凍ったままのあじを
低温の油でじっくり
揚げればサクサクに

Lサイズ

材料(2人分)
あじ … 4尾(開いたもの)
塩、こしょう … 各少々
小麦粉 … 適量
とき卵 … 1個分
パン粉 … 適量
揚げ油 … 適量
せん切りキャベツ、中濃ソース
　… 各適量

作り方

1 あじは塩、こしょうを振って小麦粉、とき卵、パン粉の順に衣をまぶす。バットなどでくっつかないように冷凍し、凍ったら保存袋に入れる。

冷凍で！

調理

凍ったまま低温の揚げ油に入れ、きつね色になるまで7〜8分揚げる。油をきって器に盛り、キャベツを添え、ソースをかけて食べる。

POINT

凍ったまま揚げるので、バットなどでくっつかないように冷凍する。

PART 2 | 魚のおかず

感動レベルの"サクッ"と食感

いわしのキムチ煮

キムチと豆板醤でピリッと仕上げ。ビールのおつまみにもぴったり！

Lサイズ

材料(2人分)
- いわし … 4尾(頭と内臓を除く)
- にら … 1/3束(30g)
- A
  - 白菜キムチ … 80g
  - 酒 … 大さじ2
  - みりん … 大さじ1
  - しょうゆ … 小さじ2
  - ごま油 … 小さじ1
  - 豆板醤 … 小さじ1/3

調理 半解凍で！

半解凍でフライパンに入れ、水1/2カップを加えてふたをし、中火にかける。煮立ったら弱火にし、火が通るまで10分ほど煮る。仕上げにふたをとって1〜2分煮詰める。

作り方

1. にらは5cm長さに切る。

2. 保存袋にAをまぜ合わせ、いわしを入れてからめる。にらを加えて空気を抜き、袋の口を閉じて平らにし、冷凍する。

PART 2 魚のおかず

キムチ&豆板醤の大人め味

185

いわしの梅マヨロール

梅肉＆マヨネーズだけで味つけ完了！
クルンと包んで映える見た目に

Lサイズ

材料（2人分）
いわし … 4尾（開いたもの）
かぼちゃ … 150g
ししとうがらし … 4本
A ｜ 梅肉、マヨネーズ … 各大さじ1

作り方

1 いわしはまぜ合わせたAを塗ってくるくる巻いてつまようじで止める。かぼちゃは1cm厚さのくし形切りにする。ししとうは切り目を入れる。

2 保存袋に1を入れて空気を抜き、袋の口を閉じて冷凍する。

調理 解凍で！

解凍してオーブントースターで13〜15分焼く。野菜は火が通ったものからとり出す。

PART 2 魚のおかず

青魚がパクパク食べられる

いわしのかば焼き

いわしに味がギュッとしみ込んで白いごはんが進む!

Lサイズ

材料(2人分)
- いわし … 4尾(開いたもの)
- A | しょうゆ、酒、みりん … 各大さじ1
- 砂糖 … 小さじ1
- しょうがのすりおろし … 1かけ分

作り方
1. 保存袋にAをまぜ合わせ、いわしを入れてからめる。空気を抜き、袋の口を閉じて平らにし、冷凍する。

調理 〈半解凍で!〉
半解凍でフライパンに入れ、ふたをして弱火にかける。火が通って汁けがなくなるまで10〜12分蒸し焼きにする。

PART 2 | 魚のおかず

みんな大好きな
甘辛味

さわらの香味レモン蒸し

クセのあるセロリがレモンの酸味でさっぱり！さわらもふっくら

Lサイズ

材料（2人分）
- さわら … 2切れ
- セロリ … 50g
- にんじん … ¼本（40g）
- レモンの薄切り … 2切れ
- A
  - 酒、オリーブ油 … 各大さじ1
  - レモン汁 … 大さじ½
  - 塩 … 小さじ⅓
  - こしょう … 少々
- パセリのみじん切り … 適量

作り方

1. セロリは斜め薄切り、にんじんは細切りにする。

2. 保存袋にAをまぜ合わせ、さわらを入れてからめる。野菜とレモンを加えて空気を抜き、袋の口を閉じて平らにし、冷凍する。

調理 半解凍で！

半解凍で耐熱皿にのせ、電子レンジで6～7分加熱する。途中で1～2回とり出し、全体をまぜながら加熱する。器に盛り、パセリを振る。

ぜ〜んぶ入れてスイッチ「ピ!」
炊飯器で魔法のレシピ100

いつも使っているごくふつうの炊飯器は、実はとても優秀な調理器具なんです。
白いごはんは多めに炊いたら、食べきれないぶんは冷凍保存することってありますよね。
そんな日は、おかずを炊飯器におまかせしましょう。

肉も野菜も調味料も、ぜーんぶ入れて、スイッチ

次に炊飯器をあけたときには、もくもくの湯げとともに
たまらなくおいしいおかずができている、まさに魔法のようなレシピをご紹介します。
スイッチを押したら、どうぞ好きなように過ごしてください。
料理ができ上がったら、炊飯器が知らせてくれます。

もちろん、ワンプレートごはんや炊き込みごはん、ピラフなどのごはんものもたっぷり。
パンやスイーツもできちゃうんです。炊飯器の加熱の特徴や得意技を生かしながら、
いちばんおいしい調味料、水の配合を工夫してレシピを考えました。
ほかの調理法よりはるかに簡単で失敗しない、そしてお店のような
ワンランク上のおいしさが味わえるメニューを100品ご紹介します。

万能調理器具「炊飯器」が、忙しい人々の暮らしをサポートしてくれますように、
そして何より、子どもから大人まで安心して、お料理を楽しんでもらえますように。

牛尾理恵

CONTENTS

- 4　スイッチ「ピ!」で感動の味にできる魔法のレシピ
- 6　炊飯器レシピってこんなにすごい!
- 8　スイッチ「ピ!」でラクして絶品!
  炊飯器でフル快適生活
- 10　モードの使い分けのコツ
- 12　こんなときどうする? 料理別おすすめ炊飯モード
- 14　炊飯器cookingにあると便利
  調理器具＆道具
- 15　使い終わったら洗う!を習慣にして清潔に
  炊飯器のお手入れ
- 16　おいしいごはんの炊き方を伝授!
- 18　この本の特徴

PART 1　反響レシピ BEST12

- 20　ローストビーフ
- 22　カオマンガイ〜シンガポールチキンライス〜
- 24　紅茶煮豚
- 26　しっとり鶏ハム
- 28　とうもろこしごはん
- 30　えびだんごのもち米シュウマイ
- 32　炊き込みシーフードピラフ
- 34　スペアリブのマーマレード煮
- 36　中華おこわ
- 38　チャプチェ
- 40　ポトフ
- 42　ゆでないパスタ ボロネーゼ
- 44　COLUMN　炊飯器Q&A

PART 2　ワンプレートごはん

- 46　ビーフストロガノフ
- 48　ビリヤニ
- 50　炊き込みピビンパ
- 52　タンドーリ風チキンジャンバラヤ
- 54　炊き込みチキンでオムライス
- 56　パエリア
- 58　タコライス
- 60　いかめし
- 62　サムゲタン
- 64　クッパ
- 66　ビーフシチュー〜パンを添えて〜
- 68　パッタイ
- 70　COLUMN　余ったときの保存のこと

PART 3　ごちそうおかず スイッチポン!

【肉のおかず】
- 72　ロールキャベツ
- 74　やわらか牛すじ煮込み
- 76　ラムとプルーンの赤ワイン煮
- 78　北欧風白いミートボール
- 80　とろふわ豚の角煮
- 82　煮込みハンバーグ
- 84　手羽先と大根の中華風煮込み
- 86　大きなミートローフ

【魚のおかず】
- 88　味しみぶり大根
- 90　アクアパッツァ
- 92　トムヤムクン
- 94　さばみそ煮
- 96　あら煮
- 98　ブイヤベース

【豆・野菜のおかず】
- 100　肉じゃが
- 102　ラタトゥイユ
- 104　チリビーンズ
- 106　じんわりおでん
- 108　カスレ
- 110　なすの煮物／かぼちゃの煮物
- 112　COLUMN　米の種類のこと

113	**PART 4** **極めたいごはんもの**
114	グリーンピースごはん
116	豚バラのたけのこごはん
118	栗ごはん
120	カキごはん
	【炊き込みごはん】塩味ベース
122	たいめし
123	ほたてとアスパラの塩バターピラフ
124	ベーコンとポテトの炊き込みピラフ
125	さつまいもごはん
	【炊き込みごはん】しょうゆ味ベース
126	じゅーしー～沖縄風炊き込みごはん～
127	たことしょうがのごはん
128	鶏五目ごはん
129	さんまの炊き込みごはん
	【炊き込みピラフ】トマトベース
131	鮭とズッキーニのトマトピラフ／ ミートボールとかぼちゃのトマトピラフ
132	トマトとルッコラのピラフ／ ツナトマトピラフ
	【炊き込みピラフ】コンソメベース
135	レンズ豆のピラフ
136	なめたけベーコンピラフ
137	キャロットピラフ／ スモークサーモンとオリーブのピラフ
	【炊き込みピラフ】カレーベース
139	ごぼうとサラミのカレーピラフ
140	ソーセージベジタブルカレーピラフ
141	オイルサーディンのカレーピラフ／ 納豆じゃこチーズのカレーピラフ
	【おかゆ】
142	基本のおかゆ
145	大根がゆ／中華がゆ／茶がゆ
	【リゾット】
146	ベーコンチーズリゾット
148	いかのレモンクリームリゾット
149	イタリアントマトリゾット

	【その他のごはん】
150	いためないチャーハン
152	赤飯
154	梅じゃこおこわ
156	香りごはんカタログ ❶ 茶めし／実ざんしょうごはん／八角ごはん
157	**PART 5** **とろとろ** **スープ&シチュー**
158	ボルシチ
160	バターチキンカレー
162	家庭のビーフカレー
164	スンドゥブチゲ
166	一発豚汁
168	きのことチキンのクリームシチュー
170	香りごはんカタログ ❷ サフランライス／クミンライス／ ガーリックバターライス
171	**PART 6** **幸せ** **パン&スイーツ**
172	スコーン
174	ちぎりパン
176	黒糖バナナ蒸しパン
178	キャロットケーキ
180	ポンデケージョ
182	りんごの白ワインコンポート
184	なめらかミルクプリン
186	発酵あんこ玉
188	緑豆ココナッツもち汁粉
190	INDEX

スイッチ「ピ！」で手ブラめし

たとえばパエリアなら……

> パエリアって手間がかかりそう……

> 目からウロコの万能器具
> 炊飯器1台で
> 魔法のcooking♪

テッテレー！ ピ！

STEP 1 材料を用意する

STEP 2 炊飯器に材料を入れて

感動の味にできる魔法のレシピ

STEP 3 スイッチ「ピ!」で

ふつうモード

ピ!

でき上がり!

盛りつけて
いただきます!

炊飯器レシピって

① ほったらかしで1品できる！

調味料、水や米など材料すべてを炊飯器に入れてスイッチ「ピ！」でOK。ほったらかしで完成を待つだけです。好きなことをしていましょう。

② 火かげんいらずでカンタン＆安全！

火かげんいらずでちょうどよい火の通りに仕上がります。見張っていなくても焦げる心配がないので、子どもから年配のかたまで安心して楽しめます。

⑤ パン、デザートまで！

炊飯器はごはんを炊くだけでなく、肉、魚、豆、野菜料理、パスタなどのめん料理、パンやデザートまで作れる万能調理器具です。

⑥ とろとろ煮込みが得意！煮くずれ＆失敗なし！

炊飯器の得意ワザは、なんといっても肉料理などの煮込み。驚くほどやわらかく仕上がります。白いごはんは冷凍常備しておくと便利。

こんなにすごい！

3 調理器具が少ないからラク！

調理器具が少なくてとにかく手軽！ 内がまひとつでできるものばかりだから洗い物も少なくてラクです。

4 タイマー機能を使えば、玄関あけたらすぐごはん！

タイマー機能を使えば、夜仕込んで朝完成。朝仕込んで出かければ、夕飯は完了。帰ったら器に盛るだけでOKです。

7 いためいらず！油が少なくてすむからヘルシー！

チャーハンやピラフ、チャプチェ、シチューなど、油が少なくてもコクのある仕上がりに。健康や美容を気にする人にも最適。

8 めん類は、下ゆでいらず！いためいらず！

パスタ、はるさめ、米めんなどは、下ゆで→いためるという手順ですが、炊飯器ならどちらも不要！ 乾めんのまま水と調味料とともに入れてスイッチひとつで完成！

スイッチ「ピ！」で
ラクして絶品！
炊飯器でフル快適生活

朝
夜セットして、
起きたら
すぐごはん！

炊き込みごはんがあれば、
あとはみそ汁でOK！

胃にやさしいおかゆ

具だくさん豚汁

昼
おべんとうや
ランチもあっという間！

前夜にチキンライスを
仕込んで……

ふつう
モード

ピ！

朝には
炊き上がり！

焼いた卵をのせるだけ！

炊飯器があれば、スイッチ「ピ！」で快適自炊生活が送れます。
タイマー機能を使えば、出かける前に仕込んでおくだけでOK！

おやつ
3時のおやつや ティータイムに！

サクサクスコーンも
スイッチひとつで！

買い物の間に
キャロットケーキができてる！

夜
仕事やおでかけの間に、メインディッシュが完成！

帰ってきたら、できたての
カレーもすぐ食べられる！

とろとろの
ロールキャベツも
朝セットするだけ♪

おもてなし
炊飯器におまかせできるから、同時調理がラク！

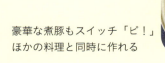

豪華な煮豚もスイッチ「ピ！」
ほかの料理と同時に作れる

北欧風白いミートボールで
ゲストの話題に！

モードの使い分けのコツ

炊飯器でおいしい料理を作るためには、炊飯モードを使いこなせるようになるのがポイント。料理の特徴に合わせて、炊飯モードを使い分けましょう。

料理のタイプ、火の通し方によって使い分ける

炊飯器には、炊飯モードなどの炊き分け機能がついています。「ふつう」「早炊き」「おかゆ」「おこわ」「炊き込み」など、料理のタイプや火の通し方に応じて炊き上がりを自動調整してくれるので、炊飯モードをうまく使いこなすのがポイントです。

炊き上がったら様子をみて、追加で炊いてもOK

本書のレシピどおりに作っても、炊飯器によって、仕上がりが違うことがあります。特に炊く時間はメーカーや機種によってもさまざま。炊き上がったら、火の通りなどの様子をみて、追加で炊いてもいいでしょう。

もう少しやわらかくしたい、味をしみ込ませたいときは追加で炊飯、保温する

豚の角煮や肉じゃがなどの煮物は、仕上がりの好みが分かれますが、もう少しやわらかくしたいときは、炊き上がったあとに、追加でふつうモードで炊くのがおすすめ。味をもっとしみ込ませたいときは再び炊き、保温を追加して。

炊飯器に指定のモードがないときは「ふつうモード」で調節

炊飯モードがついていないときは、ふつうモードで時間の調整を。炊き上がったら様子をみて、必要なら追加で5〜10分ずつ加熱して。

本書で使用した炊飯器

● 炊き上がりは炊飯器のメーカーや機種によって違うので、炊飯器に合わせて調節してください。
● 2回炊く場合、連続して行うと時間がかかる場合があります。一度内がまを炊飯器から出して、本体および内がまを冷ましてから再び炊きましょう。

こんなときどうする?
料理別おすすめ炊飯モード

こんなとき	何モードがおすすめ?	たとえばこのレシピ!

こんなとき

ごはんもの、煮物など本書のほとんどの料理

めんや汁物、リゾットなど、火を通しすぎないほうがいい料理

おかゆ、サムゲタンのように時間をかけてじっくり煮込みたいもの

何モードがおすすめ?

⚫ **ふつうモード**

「炊飯モード」ともいう。本書で紹介する料理のほとんどは「ふつうモード」でOK。炊き込みごはんやピラフはもちろん、肉、魚、豆、野菜などの煮物もおいしく作れます。

⚫ **早炊きモード**

米めんやはるさめなど、あまりめん自体をやわらかくしたくないときや芯を残したいリゾット、豚汁などの具だくさんの汁物など、火を通しすぎないほうがいい場合に。

⚫ **おかゆモード**

とろとろのおかゆに炊き上げたいなら、なべで煮込むより、炊飯器の「おかゆモード」が一番。鶏の骨つき肉とともに炊き上げるサムゲタンも「おかゆモード」でとろとろに。

たとえばこのレシピ!

- カオマンガイ→p.22
- とろふわ豚の角煮→p.80

- パッタイ→p.68
- チャプチェ→p.38
- 一発豚汁→p.166
- ベーコンチーズリゾット→p.146

- サムゲタン→p.62
- 基本のおかゆ→p.142
- 大根がゆ→p.145

炊飯モードって、どんなときに使えばいいかよくわからない……。
そんな人にぜひ覚えてほしい、料理別の炊飯モードをご紹介！

もち米を使った赤飯やおこわを炊くとき	ローストビーフなど中まであまり火を通したくないとき	中までじっくり味をしみ込ませたい煮込み料理	ルウをなじませたいときやこんがりと焼き色をつけたいとき
↓	↓	↓	↓
おこわモード	保温モード	ふつうモード ＋ 保温モード 	ふつうモード ＋ ふつうモード 
もち米を使った料理は「おこわモード」が最適。赤飯のようにあずきなどの豆を使う場合は、あずきを「ふつうモード」で炊いてから、もち米と一緒に「おこわモード」で。	炊飯器の保温機能は、60〜70度の温度をキープ。ローストビーフや鶏ハムなど、肉にゆっくりと熱を通してジューシーでやわらかく仕上げたいときは「保温」がベスト。	かたまり肉や骨つき肉など、中まで味がしみ込みにくい食材の煮込み料理には、「ふつうモード」で炊いたあと、保温時間をプラスするのがおいしく仕上げる秘訣。	カレーやシチューなどの料理の場合、食材を「ふつうモード」で炊き上げ、ルウを加えたらもう一度「ふつうモード」で。表面に焼き色をつけたい焼き菓子も同様に。
● 赤飯→p.152 ● 中華おこわ→p.36 ● 梅じゃこおこわ→p.154	● ローストビーフ→p.20 ● しっとり鶏ハム→p.26 ＊保温について　ふつうモードで炊き上がれば、自動的に保温に切りかわりますので、自分で設定し直す必要はありません。「保温00分」という表示は、保温に切りかわってからの目安の時間です。	● 紅茶煮豚→p.24 ● 手羽先と大根の中華風煮込み→p.84	● 家庭のビーフカレー→p.162

炊飯器cookingにあると便利

調理器具&道具

はかる

液体は計量カップ、調味料は計量スプーンが基本ですが、米の計量には米カップを。パンなどの時間をはかるタイマーも忘れずに。

米カップ
普通の計量カップは200㎖なのに対し、米の計量カップは1カップ＝180㎖（1合）。

タイマー
デザートやパンなどの繊細なものはタイマーを使って調整を。デジタルタイマーを使うと見やすくて便利。

蒸す

炊飯器で蒸す調理をするときに、そろえておきたい調理器具。専用の蒸し台がないときは、ステンレス製の蒸し台とふきんで挑戦を。

ステンレス製の蒸し台
内がまに傷がつかないよう、使う際はふきんを敷くこと。蒸し器がなくてもおいしい蒸し料理ができる。

炊飯器用蒸し台（付属品）
耐熱性の高い専用の蒸し台があれば、そのまま内がまにセットするだけ。軽くて洗うのも簡単。

ふきん
ステンレス製の蒸し台を使うときに。プリンなど型ごと内がまに入れるときもふきんを敷くと安定する。

MEMO

内がまを傷つけないための器具や道具を用意する

内がまのコーティング（フッ素樹脂加工）がはがれたり、傷がついたりしてしまうと、ごはんが内がまにこびりつきやすくなります。炊飯器で調理するときは、なるべく内がまのコーティングを長もちさせるために、傷がつかないような器具や道具を使いましょう。

使い終わったら洗う!を習慣にして清潔に
炊飯器のお手入れ

分解して洗う

炊飯器のお手入れは、プラグを抜き、本体が冷えた状態になってからが基本。ふた、内ぶたなどは分解できるので、本体からはずして洗う、ふくなどのお手入れをしましょう。なるべくパッキン類ははずさないのがポイント。スチームキャップは変形しやすいので、熱湯にひたすことや、つけおき洗いはやめましょう。

スチームキャップや内ぶた
それぞれ本体からはずして、やわらかいスポンジを使って水またはぬるま湯で流し洗いを。

内がま
やわらかいスポンジで洗うこと。台所用合成洗剤は使わない。

内がまのにおい消しはどうする?
においが気になるときは、内がまに水を七〜八分目まで入れ、クエン酸(約20g)を加えてまぜてから「ふつうモード」で炊いて。保温に切りかわったら「取消」ボタンを押しましょう。においによっては完全にとれない場合もありますが、この方法ならある程度の効果が期待できます。

MEMO

洗ったあとはきちんとからぶきすること

ふたやスチームキャップを洗ったあとは、すぐに乾いた布で水分をふきとりましょう。そのままにしておくと、水滴の跡が残ります。内がま、内ぶたも同様、洗ったらきちんとからぶきを。食器類の上に重ねおきするのはNG。フッ素樹脂加工面が傷ついたりはがれたりする原因になるので要注意。

おいしいごはんの

1 はかる

米専用の計量カップで米をすくい、スプーンなどの柄ですりきってはかる。

2 さっとまぜて1回流す

ボウルに入れた米に水を一気に入れてさっとまぜ、すぐに流す。

3 やさしくまぜる

手の指を広げた状態でやさしく10回ほどまぜ、水を注いで流す。

7 目盛りまで水を入れる

内がまを水平な場所において目盛りまで水を入れる。

8 表面をならす

表面をならすことで、ムラなく炊き上がる。炊飯器に入れる。

9 スイッチON!

ふつうモード
ピ!

炊き方を伝授！

4 3を4回くり返す

3を4回ほどくり返し、ざるに上げる。白濁していても大丈夫。

5 ざるにあげる

一度ざるに上げて水けをきる。

6 内がまに入れる

5の米を内がまに入れ、かぶるくらいの水を入れてならし、30分ほどおいて浸水させる。

10 炊き上がり！

11 しゃもじで全体をまぜる

ふたをあけ、しゃもじで大きくまぜ、蒸気を逃がす。

いただきます！

おひつに入れるとごはんのおいしさが長もち！

この本の特徴

炊飯器で作るごはんやおかずを失敗なく、おいしく作るための情報を掲載しています。レシピの見方を覚えてじょうずに活用しましょう。

内がまBefore→Afterがひと目でわかる！
レシピだけだとわかりにくい、炊く前（Before）と炊き上がり（After）を写真で確認することができます。

使っている食材のことがわかる食材MEMO
料理で使用している目新しい食材や調味料、スパイス、ハーブなどを紹介します。

調理のPOINTで失敗知らず
炊飯器で作るおかずやごはんの調理プロセスで大切なコツを紹介します。

この本の使い方

- 数時間前にタイマーをセットする場合、気温や室温などの環境により食材が傷まないようじゅうぶんに注意してください。
- 分量は5.5合炊きで4人分を基本としています。料理によっては、作りやすい分量で表示している場合もあります。
- 小さじ1は5㎖、大さじ1は15㎖、1カップは200㎖です。米のカップは1カップ＝180㎖です。
- だしはこぶと削り節中心の和風だし（市販品でもOK）です。
- 固形スープ、顆粒スープは特に記載のない場合、コンソメ、ブイヨンなど、好みで使用してください。
- 野菜類は、特に指定がない場合は、洗う、皮をむくなどの作業をすませてからの手順で説明しています。果物は皮ごと使う場合、ノーワックスをおすすめします。
- 電子レンジの加熱時間は600Wの場合のものです。500Wの場合は1.2倍にします。機種によって加熱時間に多少の差があるので、様子をみてかげんしてください。

ハンズフリーで料理がスイスイ！
気持ちいいほどよく開く特殊な製本

パカッ！ 180°

しかもピシッと立つ！

PART1
反響レシピ
BEST12

肉や野菜、米、調味料、水もぜ〜んぶ入れて、スイッチをピ！ あとはほったらかしででき上がり！ ネットや口コミで反響の多かった大人気のレシピ、12品を紹介します。

No.1 ローストビーフ

火の通りが絶妙！おもてなしにもおすすめ

材料（4人分）
牛ももかたまり肉 … 400g
塩 … 小さじ½
こしょう … 少々
A｜玉ねぎ（すりおろす）… ½個分
　｜にんにく（すりおろす）
　｜　　… 1かけ分
　｜赤ワイン … ½カップ
　｜しょうゆ … 大さじ3
　｜酢 … 大さじ1
　｜はちみつ … 小さじ1
　｜ローリエ … 1枚
バター … 10g

作り方
1 牛肉は室温にもどし、塩、こしょうを振る。フライパンにバターをとかし、各面を2分ずつじっくり焼き、炊飯ジャーに入れる。
2 1のフライパンにAを入れてひと煮立ちさせたら、炊飯ジャーに加える。
3 保温モードで15分保温し、ふたをあけて牛肉を返し、さらに15分保温する。
4 内がまに残ったソースを添え、牛肉を切り分けて食べる。あればクレソンを添える。

PART 1 反響レシピ BEST 12

1

焼いた牛肉、
煮立てたAを
入れて

保温モード ピ!

2

返してさらに
15分保温して完成!

調理のPOINT

- 牛肉は室温にもどしてから焼くことが大切。バターでじっくり焼いてから。

- 牛肉を焼いたフライパンでAを煮立てることで、うまみたっぷりのソースに。

No.2 カオマンガイ 〜シンガポールチキンライス〜

鶏肉のうまみがごはんにしみてる!

材料(4人分)
- 米(あればジャスミンライス)… 540㎖(3合)
- 鶏もも肉… 2枚
- にんにく、しょうが(各みじん切り)… 各1かけ分
- A
  - 鶏ガラスープのもと … 小さじ1
  - 酒(あれば紹興酒)… 大さじ1
- B
  - スイートチリソース … 大さじ3
  - ナンプラー … 大さじ1
- 塩 … 小さじ½
- こしょう … 少々

【添え野菜】
- きゅうり(斜め薄切り)… 1本分
- トマト(薄めの半月切り)… 1個分
- パクチー(ざく切り)… 30g

作り方
1. 米はさっと洗い、ざるに上げて水けをきる。
2. 鶏肉は塩、こしょうを振る。
3. 炊飯ジャーに1、にんにく、しょうが、Aを入れ、水を3の目盛りまで注ぎ、2をのせてふつうに炊く。
4. 鶏肉をとり出し、ごはんをさっくりとまぜて10分蒸らす。鶏肉はそぎ切りにする。
5. 器に4を盛り、きゅうり、トマトを添え、パクチーをのせ、合わせたBを鶏肉にかける。

PART 1 反響レシピ BEST 12

1 B以外の材料、水を入れて

ふつうモード

ピ！

2 完成！

食材MEMO

ナンプラー
独特の香りとうまみがあるエスニック料理の定番調味料。魚介類が原料。

スイートチリソース
とうがらし、砂糖、酢、塩などを材料とする甘辛く、酸味があるソース。

ジャスミンライス
細長い形状と独特の甘い香りが特徴のタイ米。香り米とも呼ばれている。

No.3 紅茶煮豚

紅茶で煮ることで奥行きのある味わいに

材料（4人分）
豚肩ロースかたまり肉 … 500g
A　ねぎの青い部分 … 1本分
　　しょうが、にんにく（各薄切り）
　　　… 各1かけ分
　　紅茶ティーバッグ … 2〜4個
　　しょうゆ … 80ml
　　酒 … ¼カップ
　　砂糖 … 大さじ3
　　酢 … 大さじ1
貝割れ菜 … ½パック
半熟卵（半分に切る）… 4個分

作り方
1. 豚肉はたこ糸でしばる（たこ糸でしばってあるものを使うとラク）。
2. 炊飯ジャーに1、Aを入れ、水を4の目盛りまで注いでふつうに炊く。炊き上がったら保温モードで20分おく。
3. たこ糸をほどき、食べやすい厚さに切って器に盛り、半熟卵、貝割れ菜を添える。

＊半熟卵の作り方
鍋に湯を沸かし、冷蔵庫から出した卵を7分ほどゆでる。

No.4 しっとり鶏ハム

真空＆保温調理で、パサつかずに最高にしっとり仕上がる！

材料（作りやすい分量・約4人分）
鶏胸肉 … 2枚
塩 … 大さじ1
はちみつ … 小さじ2
ローリエ … 4枚

作り方

1. 鶏肉は厚いところは包丁で切り込みを入れて開き、厚みを均等にする。塩、はちみつをすり込み、ローリエをのせて冷蔵庫に一晩おく。
2. ローリエをとり、鶏肉を端からクルクルと巻く。ラップでキャンディー状にしっかりと包み、さらに3重に包む。もう1枚も同様に。
3. 炊飯ジャーに入れ、かぶるくらいの水を注ぎ、皿などを落としぶたにしてのせる。保温モードで1時間おき、スイッチを切ってさらに1時間おいてとり出す。食べやすく切って器に盛り、あればベビーリーフ、サニーレタスを添える。

PART 1 BEST 12 反響レシピ

鶏肉、水を入れて

保温モード ピ！

スイッチを切って1時間おいて完成！

調理のPOINT

- ラップできつく、しっかりと包み、両端をねじってキャンディー状に。

- 鶏肉が水に浮いてしまうので、平皿など重みのある落としぶたをして。

芯も一緒に入れて炊けば風味がアップ

とうもろこしごはん

材料(4人分)
米 … 540mℓ（3合）
とうもろこし … 1本
酒 … 大さじ1
塩 … 小さじ1.5

作り方
1 米は洗って水に30分ほどつけ、ざるに上げて水けをきる。
2 とうもろこしは芯から実をそぎとる。
3 炊飯ジャーに1、酒、塩、2を芯ごと入れ、水を3の目盛りまで注ぎ、ふつうに炊く。
4 芯をとり出してさっくりとまぜ合わせて10分蒸らす。

PART 1 BEST 12 反響レシピ

とうもろこしは芯ごと入れて

ふつうモード ピ!

芯をとり出し、まぜ合わせる

調理のPOINT

- とうもろこしの実は包丁でそぎ落として。ホールコーンで代用してもOK。
- とうもろこしの芯は捨てずに一緒に炊き込むことで、香りと甘みが出る。

No.6

包む手間なし！皮のかわりにもち米をまぶして

えびだんごのもち米シュウマイ

材料(4人分)
むきえび … 200g
豚ひき肉 … 100g
もち米 … ½カップ（100ml）
ねぎ（みじん切り）… 5cm分
しょうが（みじん切り）… 1かけ分
A │ かたくり粉 … 大さじ1
　│ 紹興酒 … 小さじ2
　│ 塩 … 小さじ⅓
　│ こしょう … 少々
酢じょうゆ … 適量

作り方
1 もち米はさっと洗い、水に30分つけ、ざるに上げて水けをきる。
2 えびは背わたをとり、包丁でたたいてこまかくし、ひき肉、ねぎ、しょうが、Aとともにボウルに入れてまぜ合わせる。
3 一口大に丸め、水けをきった1をまぶし、蒸し台に並べる。
4 炊飯ジャーにふきんを敷き、水を1の目盛りまで注いで3をのせ、ふつうに炊く。
5 器に盛り、酢じょうゆ、あればパクチーを添える。

PART 1 反響レシピ BEST 12

1

ふきん、水を入れ、蒸し台をのせる

ふつうモード ピ!

2

完成！

調理のPOINT

● フードプロセッサーを使えば、野菜のみじん切りや、えびをたたく手間が省ける。

● 蒸し台がステンレス製の場合は、ふきんを敷いて内がまに傷がつくのを防ぐ。

No.7
シーフードミックスを使って簡単！バターの香りがたまらない
炊き込みシーフードピラフ

材料(4人分)
米…540㎖（3合）
シーフードミックス…300g
玉ねぎ…½個
マッシュルーム…1パック（100g）
にんにく…1かけ
ベーコン…3枚
A ｜ 白ワイン…大さじ2
　　｜ バター（ちぎる）…10g
　　｜ ローリエ…1枚
　　｜ 塩…小さじ1
　　｜ こしょう…少々

作り方
1 玉ねぎ、にんにくはみじん切りにする。にんじんは5mm角に切り、マッシュルームは薄切りにする。シーフードミックスは解凍する。ベーコンは1cm幅に切る。
2 米は洗って水けをしっかりとる。
3 炊飯ジャーに2を入れて1とAを加え、水を3の目盛りよりもやや少なめに注ぎ、早炊きモードで炊く。
4 蒸気を飛ばすようにさっくりとまぜる。
5 器に盛り、あれば、みじん切りにしたパセリを散らす。

PART 1 BEST 12 反響レシピ

1

すべての材料と、水を入れて

早炊きモード　ピ！

2

蒸気を飛ばすようにさっくりまぜる

調理のPOINT

● シーフードミックスは、自然解凍ではなく、さっと熱湯を通して解凍を。水けをよくきるのもポイント。

No. 8 スペアリブのマーマレード煮

骨つき肉もやわらか仕上げ！好みのかげんまで保温して

材料(4人分)
豚スペアリブ … 600g
玉ねぎ … ¼個
しょうが、にんにく … 各1かけ
塩、こしょう … 各少々
A
- マーマレード、白ワイン … 各大さじ3
- ローズマリー … 1本
- セージ … 5枚
- しょうゆ … 大さじ2
- 塩 … 小さじ½
- こしょう … 少々

作り方
1. スペアリブに塩、こしょう各少々を振る。玉ねぎ、しょうが、にんにくはすりおろす。
2. 炊飯ジャーに1、Aを入れ、水を3の目盛りまで注いでふつうに炊く。

PART 1 反響レシピ BEST 12

1
すべての材料、水を入れて

2
完成！

ふつうモード  ピ！

食材MEMO

ローズマリー
肉や魚のくさみ消しのほかに、じゃがいもなどの風味づけとしても使えるハーブ。

セージ
香りが強く、食材のくさみ消しに使えるハーブ。乳製品との相性もよい。

中華おこわ

No.9

うまみのある食材をたっぷり使った、もちもちの本格おこわ

材料(4人分)
- もち米 … 540㎖(3合)
- チャーシュー … 100g
- 干しえび … 5g
- 干ししいたけ … 2個(10g)
- ぎんなん(水煮) … 50g
- わけぎ(小口切り) … 30g
- A
  - しょうゆ、みりん … 各大さじ1
  - オイスターソース … 小さじ2
  - 鶏ガラスープのもと、ごま油 … 各小さじ1

作り方
1. 干しえび、干ししいたけは水にひたしてやわらかくもどす。干しえびはあらめに刻み、干ししいたけは1㎝角に切る。チャーシューは1㎝角に切る。ぎんなんは水けをきる。
2. もち米は洗って水に30分ほどつけ、ざるに上げて水けをきる。
3. 炊飯ジャーに2、Aを入れ、水を「おこわ3」の目盛りまで注ぎ、1を加えておこわモードで炊く。
4. わけぎを加え、さっくりとまぜ合わせて10分蒸らす。

PART 1 反響レシピ BEST 12

1

もち米、A、水、具材を入れて

おこわモード

ピ！

わけぎをまぜて完成！

2

食材MEMO

干しえび
中華料理で使われることの多い食材で、うまみと香りをアップさせてくれる。

No.10 チャプチェ

はるさめの下ゆで不要&いためない！甘辛味がおいしい韓国料理

材料（4人分）
- 韓国はるさめ … 100g
- 牛切り落とし肉 … 150g
- にんじん … ½本
- ねぎ … ½本
- しいたけ … 4個
- にら（4cm長さ）… 50g

A
- 水 … 1カップ
- コチュジャン、酒、しょうゆ … 各大さじ1
- 砂糖、鶏ガラスープのもと … 各小さじ1
- にんにく（すりおろす）… 小さじ½
- 塩 … 小さじ¼
- こしょう … 少々
- ごま油 … 小さじ2

作り方
1. にんじん、ねぎは細切り、しいたけは石づきを除いて薄切りにする。
2. 炊飯ジャーに1、牛肉、さっと洗ってはさみで半分に切った韓国はるさめを入れる。
3. 合わせたAを回し入れ、まぜ合わせて早炊きモードで炊く。
4. にらを加えてよくまぜ合わせ、器に盛る。

1
にら以外の材料を入れてまぜる

食材MEMO

韓国はるさめ
さつまいものでんぷん質を原料とした、韓国特有のはるさめ。なければ、緑豆はるさめを使ってもOK。

早炊きモード

2

にらをまぜて完成！

調理のPOINT

●はるさめと具材をよくまぜておくことで、ムラなく味がつく。

PART 1 BEST 12 反響レシピ

No. 11

大きく切った野菜が驚きのやわらかさに

ポトフ

材料（4人分）
ソーセージ … 太めのもの4本
玉ねぎ … 1個
にんじん … 1本
キャベツ … ¼個
A | 顆粒スープ … 小さじ2
　 | 塩 … 小さじ1.5
　 | 粒こしょう … 小さじ1
　 | ローリエ … 1枚
粒マスタード … 適量

作り方
1. 玉ねぎは4等分に切り、にんじんは大きめの乱切り、キャベツはくし形切りにする。
2. 炊飯ジャーに1、ソーセージ、Aを順に重ねて入れる。水を5.5の目盛りまで注ぎ、ふつうに炊く。
3. 器に盛り、粒マスタードを添える。

PART 1 反響レシピ BEST 12

1 粒マスタード以外の材料と水を入れて

ふつうモード　ピ！

2

完成！

調理のPOINT

● 炊飯ジャーに、玉ねぎとにんじん、キャベツ、ソーセージの順に重ねて入れることで、うまく火が通る。
● 野菜は炊飯ジャーでやわらかく仕上がるので、大きめに切るとおいしい。

No. 12
スパゲッティは乾めんのままIN。下ゆでなし、いためいらず
ゆでないパスタ ボロネーゼ

材料(2人分)
スパゲッティ…160g
玉ねぎ…¼個
にんにく…1かけ
A
| 合いびき肉…150g
| トマト缶…1カップ
| 水…1.5カップ
| 顆粒スープ…小さじ1
| オリーブ油…小さじ2
| 塩…小さじ⅔
| こしょう…少々
| ローリエ…1枚

作り方
1 玉ねぎ、にんにくはみじん切りにする。
2 炊飯ジャーに1、Aを入れてよくまぜ合わせる。半分に折ったスパゲッティをスパゲッティがくっつかないように上にのせ、早炊きモードで炊く。
3 全体をまぜ、器に盛る。

PART 1 BEST 12 反響レシピ

1

1とAの上に
スパゲッティをのせて

早炊き
モード
ピ!

2

全体をまぜる

調理のPOINT

●ゆで時間7分のスパゲッティを使うと少しやわらかめの食感です。かためが好きならペンネなどのショートパスタや太めのスパゲッティを使って。

炊飯器 Q & A

いつも使っている炊飯器でも、ごはんを炊く以外の料理に使うとなると、さまざまな疑問が出てくるもの。そんな疑問を解消してじょうずに活用しましょう。

Q この本のレシピは、数年前に買った炊飯器で作れますか？

A 一般的なごはんを炊く機能があれば、数年前に買った炊飯器でも大丈夫です。最近ではいろいろな機能が備わった炊飯器が発売されていますが、スイッチを入れて加熱し、炊飯が終わったらスイッチが切れ、保温する、という炊飯器に共通する仕組みを利用して作るレシピなので、問題ありません。

Q この本のレシピは5.5合炊きですが、手持ちの炊飯器は3合炊き……分量はどのように調整しますか？

A 3合炊きの炊飯器の場合は、レシピに記載されている分量をすべて半量にして調理してください。調理時間、作り方はレシピに記載されているとおりで大丈夫ですが、調理時間はあくまでも目安なので、メーカーや機種によって若干の差があります。調整しましょう。

Q 煮物を作るときに落としぶたをしますが、アルミホイルでも大丈夫ですか？

A 炊飯器で煮物を作るときは、途中で上下を返せないので、落としぶたをして、煮汁を全体に回すことが大切です。こうすることで、ムラなく、味がしみ込みやすくなります。本書では、クッキングシートを使用していますが、アルミホイルでもOK。内がまの直径よりもひと回り小さく切り、まん中に穴をあけて使用しましょう。

Q 炊飯器で作ったおかずやごはんは、どのくらいの時間なら保温しても大丈夫ですか？

A 保温するなら短時間を心がけましょう。保温でも少しずつ加熱されているので、水分が蒸発し、煮詰まって味が濃くなりすぎることに。また、ごはんも同様に劣化して乾燥、変色の原因になります。おいしく食べるためには、でき上がったら、すぐになべや保存容器に移しかえて、食べるときにあたため直すのがベストです。

PART2
ワンプレートごはん

炊飯器の中でおかずもごはんも同時にできる、大助かりレシピ。栄養バランスもよく、おなかも満たされます。カフェめしからアジアの人気ごはんまで、一発で完成。

ほのかな酸味がおいしいロシア料理。バターライスなどを添えても

ビーフストロガノフ

材料(4人分)
牛切り落とし肉…300g
玉ねぎ…1個
マッシュルーム…1パック
にんにく…1かけ
A 赤ワイン…1カップ
　トマトケチャップ…¼カップ
　中濃ソース…¼カップ
　トマトピュレ…¼カップ
　水…1カップ
　ローリエ…1枚
　塩…小さじ1
　こしょう…少々
バター…20g
サワークリーム…60g
ごはん…適量

作り方
1. 玉ねぎ、マッシュルームは薄切りにする。にんにくはみじん切りにする。
2. 炊飯ジャーに牛肉、1、Aを入れ、さっとまぜ合わせ、ふつうに炊く。
3. バター、サワークリームを加え、まぜ合わせる。
4. 器にごはんとともに盛る。

スパイスをたっぷりと使ったインドの炊き込みごはん
ビリヤニ

材料(4人分)
米(あればインディカ米)
　…540mℓ(3合)
鶏手羽元 … 8本
A にんにく、しょうが
　　(ともにすりおろす)
　　　…各1かけ分
　プレーンヨーグルト
　　…大さじ2
　チリパウダー … 小さじ1
　ターメリック、クミン、
　　ガラムマサラ
　　　…各小さじ½
B ローリエ … 1枚
　シナモンスティック
　　…1本
　オリーブ油 … 小さじ2
塩 … 小さじ1.5
こしょう … 少々
フライドオニオン
　…大さじ4

作り方
1 米はさっと洗い、ざるに上げて水けをきる。
2 手羽元に塩、こしょうを振り、合わせたAをもみ込み、30分ほどおく。
3 炊飯ジャーに1、Bを入れる。水を3の目盛りまで注ぎ、2をのせてふつうに炊く。炊き上がったらさっくりとまぜて10分蒸らす。
4 器に盛り、フライドオニオンを散らす。

PART 2 ワンプレートごはん

1

米、**B**、水、手羽元を入れて

ふつうモード ピ!

2

まぜて蒸らせば完成!

食材MEMO

ターメリック
カレーやターメリックライスなどに使われる、料理を黄色く色づけするのに活躍する香辛料。

チリパウダー
とうがらしにクミンやオレガノなどをまぜた香辛料。チリペッパーとは違うもの。

ガラムマサラ
ペッパー、クミン、シナモンなど複数の香辛料をまぜた香辛料。エスニックな香り。

クミン
香り高く、煮込み料理やいため物、パンやチーズなどで幅広く使用されている香辛料。

ナムルを作ったり肉を焼く必要なしで一発！ 肉と野菜がたっぷりとれる

炊き込みピビンパ

材料(4人分)
米 … 540㎖（3合）
牛切り落とし肉 … 200g
豆もやし … 100g
にんじん … ¼本
ほうれんそう … 100g
ぜんまい（水煮）… 30g

A
にんにく、しょうが
　（ともにすりおろす）
　… 各1かけ分
コチュジャン … 大さじ2
しょうゆ、みりん
　… 各小さじ2
塩 … 小さじ½
ごま油 … 小さじ1

【トッピング】
もみのり、すり白ごま、
　白菜キムチ … 各適量
目玉焼き … 4個分

作り方

1 米は洗って水に30分ほどつけ、ざるに上げて水けをきる。

2 ボウルに牛肉、Aを入れてもみ込む。

3 豆もやしはひげ根をとり、にんじんは細切り、ほうれんそうはゆでて水けをしぼり、4㎝長さに切る。ぜんまいは水けをきり、長ければ4㎝に切る。

4 炊飯ジャーに1、3を入れる。水を3の目盛りまで注ぎ、2をのせてふつうに炊く。炊き上がったらさっくりとまぜて10分蒸らす。

5 器に盛り、のり、ごまを散らし、目玉焼きをのせ、キムチを添える。

PART 2 ワンプレートごはん

米、野菜、水、下味をつけた牛肉を入れて

ふつうモード ピ!

まぜて蒸らせば完成!

食材MEMO

コチュジャン
甘辛い味で、いため物や鍋、あえ物など幅広く使える韓国の調味料。穀類、麹、とうがらしなどを発酵させてできている。

鶏肉とソーセージが入ったスパイシーごはん
タンドーリ風チキンジャンバラヤ

材料(4人分)
- 米 … 540㎖(3合)
- 鶏もも肉 … 200g
- ウインナソーセージ … 4本
- トマト … 1/2個
- パプリカ(赤) … 1/2個
- 玉ねぎ … 1/4個
- マッシュルーム … 3個

A
- にんにく(すりおろす) … 1かけ分
- カレー粉 … 小さじ2
- チリパウダー … 小さじ1/2
- 顆粒スープ … 小さじ1
- 塩 … 小さじ1.5
- こしょう … 少々
- オリーブ油 … 大さじ1

パセリ(みじん切り) … 適量

作り方
1. 米は洗って水に30分ほどつけ、ざるに上げて水けをきる。
2. 鶏肉は一口大に切り、ソーセージは1.5㎝厚さに切る。
3. トマト、パプリカ、玉ねぎは1㎝の角切り、マッシュルームは薄切りにする。
4. 炊飯ジャーに1、A、3を入れる。水を3の目盛りまで注ぎ、2をのせてふつうに炊く。
5. さっくりとまぜて10分蒸らす。
6. 器に盛り、パセリを散らす。

PART 2 ワンプレートごはん

1
パセリ以外の材料、水を入れて

ふつうモード ピ!

2
まぜて蒸らす

食材MEMO

カレー粉
何十種類もの香辛料が使われていて、メーカーによって配合がさまざま。カレーはもちろん、いため物や揚げ物などの味つけにも使える。

3
完成!

いためないチキンライスにオムレツをのせるだけ。チキンライスだけで食べても

炊き込みチキンライスでオムライス

材料(4人分)
- 米 … 540mℓ（3合）
- 鶏もも肉 … 1枚（約300g）
- 玉ねぎ … ½個
- グリーンピース（水煮）… 30g
- トマト … 1個
- 卵 … 4個
- 塩、こしょう … 各適量
- A｜トマトケチャップ … 大さじ5
　　塩、顆粒スープ … 各小さじ1
　　こしょう … 少々
- バター … 20g
- トマトケチャップ … 適量

作り方
1. 米は洗って水に30分ほどつけ、ざるに上げて水けをきる。
2. 鶏肉は一口大に切り、塩、こしょう各少々を振る。
3. 玉ねぎはみじん切り、グリーンピースは水けをきり、トマトは1cm角に切る。
4. 炊飯ジャーに1、A、3を入れる。水を3の目盛りまで注ぎ、2をのせてふつうに炊く。
5. さっくりとまぜて10分蒸らす。
6. ボウルに卵1個を割りほぐし、塩、こしょう各少々を加え、バター5gを熱したフライパンで半熟状に焼く。残りの卵も同様に焼く。
7. 器に5を盛り、6をのせ、ケチャップをかける。

魚介のうまみがたっぷり！スペインの定番料理
パエリア

材料(4人分)
米…540㎖（3合）
えび…4〜8尾
あさり（砂出しずみ）…200g
ベーコン…2枚
玉ねぎ、パプリカ（赤）…各½個
ピーマン（5㎜角）…2個分
A｜サフラン…ひとつまみ
　｜塩、顆粒スープ…各小さじ1
　｜こしょう…少々
　｜オリーブ油…小さじ2
レモン（くし形切り）…½個分

作り方
1 米は洗って水に30分ほどつけ、ざるに上げて水けをきる。
2 えびは背わたをとり、あさりはよく洗い、ベーコンは細切りにする。
3 玉ねぎ、パプリカは5㎜角に切る。
4 炊飯ジャーに1、A、3を入れる。水を3の目盛りまで注ぎ、2をのせてふつうに炊く。
5 ピーマンを加えてさっくりとまぜ、蒸らす（このとき魚介をいったんとり出すとまぜやすい）。
6 器に盛り、レモンを添える。

> PART 2 ワンプレートごはん

1

米、A、野菜、水、えび、あさり、ベーコンを入れて

食材MEMO

サフラン
独特の香りと黄色の色づけとして使われる香辛料。パエリア以外に、リゾットやブイヤベースなどにも使われる。

ふつうモード ピ！

2

ピーマンを加えてまぜる

調理のPOINT

● ピーマンは炊き上がってから加えることで余熱で火が通り、色鮮やかに仕上がる。

自家製タコミートがラクラク。チーズやアボカドなどをのせて
タコライス

材料(4人分)
- 米 … 540㎖（3合）
- 合いびき肉 … 200g
- トマト缶 … 1カップ
- 玉ねぎ（みじん切り） … 1/4個分
- A チリパウダー、ドライオレガノ、クミン … 各小さじ1/2
- 顆粒スープ … 小さじ1
- 塩 … 小さじ1.5
- こしょう … 少々

【トッピング】
- レタス（1cm幅の細切り） … 4枚分
- タコチップ（あらく砕く） … 適量
- アボカド（角切り） … 1個分
- シュレッドチーズ … 30g

作り方
1. 米は洗って水に30分ほどつけ、ざるに上げて水けをきる。
2. ボウルにひき肉、トマト、玉ねぎ、Aを入れてよくまぜ合わせる。
3. 炊飯ジャーに1、2を入れる。水を3の目盛りまで注ぎ、ふつうに炊く。炊き上がったらさっくりとまぜて10分蒸らす。
4. 器に盛り、レタス、タコチップ、アボカド、チーズを散らす。好みで、タバスコやチリソースをかけても。

1
米、2、水を入れて

ふつうモード　ピ!

2
まぜて蒸らせば完成!

食材MEMO

オレガノ
トマト料理と相性がよい香辛料。イタリア料理で使用されることも多い。

タコチップ
とうもろこしが原料のスナック。そのまま食べても、料理に添えて使っても。

チリソース
チリペッパーなどの調味料でトマトを煮た、辛みのあるソース。

PART 2 ワンプレートごはん

むずかしそうないかめしも炊飯器なら手軽に作れる
いかめし

材料(4人分)
するめいか…2はい
もち米…120ml(²/₃合)
ごぼう…½本
しょうが…1かけ
A だし…1.5カップ
　しょうゆ、酒…各大さじ3
　みりん…大さじ2
　砂糖…大さじ1

作り方
1 もち米は洗って水に30分ほどつけ、ざるに上げて水けをきる。
2 しょうがはみじん切り、ごぼうは四つ割りにしてから5mm厚さに切る。
3 ボウルに1、2、Aを合わせて30分ほどおく。
4 いかは胴から足を抜き、わたと軟骨をとる。足は5mm長さに切る。
5 ボウルの上にざるをおいて3の汁けをきり(つけ汁は炊く際に使用)、4の足を加えてまぜる。胴に詰め、ようじでとめる。
6 炊飯ジャーに5を並べ入れてつけ汁を注ぎ、クッキングシートで落としぶたをしてふつうに炊く。
7 食べやすく切り、器に盛る。

PART 2 ワンプレートごはん

米などを詰めたいか、つけ汁を入れ、落としぶたをして

ふつうモード

ピ！

食べやすく切ったら完成

調理のPOINT

●もち米などを調味液に30分ほどひたすことで、風味がよくなる。

●いかの胴を逆さにして、口を広げ、スプーンで詰めると詰めやすい。

●詰めたら、いかの胴の口を閉じ、ようじで波を打つようにとめる。

●重ならないように入れ、クッキングシートで落としぶたをすると、ムラなく仕上がる。

ホロホロの鶏肉の、韓国風米入りスープ。詰める手間なしで本格味に
サムゲタン

材料(4人分)
鶏もも骨つき肉 … 1本
米 … 90㎖（½合）
A │ なつめ … 2個
　│ クコの実 … 大さじ1
　│ ぎんなん（水煮）… 12個
　│ にんにく、しょうが（各細切り）
　│ 　… 各1かけ分
　│ 塩 … 小さじ1.5

作り方
1 米は洗って炊飯ジャーに入れる。水を4の目盛りまで注ぎ、1時間ほどつける。
2 鶏肉は骨のきわに切り込みを入れ、1にAとともに加えておかゆモードで炊く。
3 鶏肉をとり出し、身をほぐして戻し入れ、さっとまぜる。

PART 2 ワンプレートごはん

1
米と水を入れて浸水させ、残りの具材を入れて

調理のPOINT
● 鶏肉の骨のきわに包丁で切り込みを入れると味がよくしみ、ほぐしやすくなる。

おかゆモード ピ！

2
鶏肉をとり出してほぐし、まぜる

食材MEMO

なつめ
甘みと酸味があり、乾燥したものが多く売られている。漢方にも用いられる。

クコの実
赤い色が特徴の果実で、中華料理などで多く使われる。

スープもお米も一緒に入れてスイッチオン
クッパ

材料(4人分)
牛もも肉（焼き肉用）… 200g
豆もやし … 100g
玉ねぎ … 1/4個
しいたけ … 4個
にんじん … 40g
にら … 30g
米 … 90ml（1/2合）
A｜にんにく（すりおろす）… 1かけ分
　｜コチュジャン … 大さじ1
　｜粉とうがらし … 小さじ1/4
　｜塩、鶏ガラスープのもと、砂糖、
　｜みそ、しょうゆ … 各小さじ1
ごま油 … 適量

作り方
1 米は洗って水に30分ほどつけ、ざるに上げて水けをきる。
2 牛肉は細切り、豆もやしはひげ根をとり、玉ねぎ、しいたけは薄切り、にんじんは細切り、にらは4cm長さに切る。
3 ボウルに2、Aを入れてまぜ合わせる。
4 炊飯ジャーに1、3を入れる。水を5の目盛りまで注ぎ、ふつうに炊く。
5 ごま油を回し入れ、器に盛る。

PART 2 ワンプレートごはん

1

米、3、水を入れて

食材MEMO

粉とうがらし
赤とうがらしを粉末にしたもので、一味とうがらしよりもまろやかな辛さ。

ふつうモード

ピ！

2

ごま油を加える

調理のPOINT

● 米と具材を入れてから水を注ぐ。具だくさんなので、水は多めに5の目盛りまで入れて。

牛肉と野菜は焼いてから加えるから本格的!
ビーフシチュー 〜パンを添えて〜

材料(4人分)
牛ももかたまり肉 … 300g
玉ねぎ … 1個
マッシュルーム … 1パック
にんにく … 1かけ
A ┃ トマトピュレ … 1カップ
　┃ 赤ワイン、水 … 1.5カップ
　┃ 顆粒スープ … 小さじ1
　┃ ローリエ … 1枚
バター … 10g
塩、こしょう … 各適量
好みのパン … 適量

作り方
1 牛肉は一口大に切り、塩、こしょう各少々を振る。フライパンにバターをとかし、表面をこんがりと焼き、牛肉を炊飯ジャーに移す。
2 玉ねぎはくし形切り、マッシュルーム、にんにくは半分に切り、1のフライパンに入れ、フライパンに残ったバターで中火でさっといためて炊飯ジャーに加える。
3 Aを加え、ふつうに炊く。
4 塩小さじ1、こしょう少々で調味する。器に盛り、好みのパンを添える。

PART 2 ワンプレートごはん

1

焼いた牛肉、いためた2、Aを入れて

ふつうモード ピ！

2 塩、こしょうで調味

調理のPOINT

● フライパンで牛肉の表面をバターでじっくりこんがりと焼いてから、炊飯ジャーへ入れる。

● 野菜などは牛肉を焼いたフライパンでいためてから炊飯ジャーへ入れることで、うまみをのがさない。

タイ風焼きそばも下ゆでなし、いためる手間なし！

パッタイ

材料（4人分）
- センレック（米めん）… 150g
- えび … 小8尾
- 豚バラ薄切り肉 … 100g
- もやし … 100g
- 玉ねぎ … ½個
- にら … 30g
- A
  - ナンプラー … 大さじ2
  - オイスターソース … 大さじ½
  - 砂糖 … 小さじ1
  - 鶏ガラスープのもと … 小さじ½
  - 粉とうがらし … 小さじ⅓
  - こしょう … 少々
  - サラダ油 … 小さじ2

【トッピング】
- バターピーナッツ（砕く） … 30g
- パクチー（ざく切り）… 30g
- ライム（くし形切り）… ½個分

作り方
1. えびは殻をとり、背わたをとる。豚肉は2cm幅に切る。もやしはひげ根をとり、玉ねぎは薄切りにする。
2. ボウルに1、Aを入れてまぜ合わせる。
3. センレックは半分に折り、さっと洗って炊飯ジャーに入れ、水1カップを加えて10分ほどひたす。2を加えてさっとまぜ、早炊きモードで炊く。
4. ざく切りにしたにらを加えてよくまぜ合わせる。
5. 器に盛り、ピーナッツ、パクチーを散らし、ライムを添える。

センレック、水、2を入れて

食材MEMO

センレック
米粉が原料のタイの食材。中細で平たい形でコシがあり、もちもちした食感。

早炊きモード

ピ！

調理のPOINT

● にらは色が変わりやすいので、炊き上がってから加えることで、色が鮮やかに。

にらを加えてまぜたら完成！

PART 2 ワンプレートごはん

余ったときの保存のこと

炊飯器で作るごはんやおかずは、一度にたっぷり作れるのも魅力のひとつ。ひととおり食べて余ったときは、じょうずに保存して、残さずおいしくいただきましょう。

ごはんもの

ラップで包んで冷凍保存が基本

ラップにごはんを広げてあら熱をとったら、ぴっちりと包みましょう。冷凍で1カ月ほど保存できるから、包んだ日付を記入しておけば、いつまでに食べればいいかが一目でわかります。マスキングテープを使えば便利。食べる際は電子レンジで加熱して。

ごはんものはあら熱をとってから包んで

忘れがちな日付も、記入しておけば一目瞭然

ふたをするときは、必ずあら熱をとって

おかず

保存容器に入れて冷蔵＆冷凍保存

余ったおかずは保存容器に入れて保存すれば、汁けのあるおかずも安心。その際、あら熱をとらずにふたをすると、水滴が出て傷みの原因になります。保存容器に入れたおかずは、しっかりとあら熱をとってからふたをして保存しましょう。

PART3
ごちそうおかず スイッチポン！

炊飯器の得意技は、実は煮込み料理。何時間も煮込む料理だって、目を離していて大丈夫。手が込んでいそうなおかずも、ピ！でお店のような味に。おもてなしにも使えます。

ベーコンを巻いてうまみアップ。煮くずれなしでやわらかジューシー

ロールキャベツ

材料(4人分)
キャベツ…4枚
玉ねぎ…1/2個
A │ 合いびき肉…400g
　│ 卵…S1個
　│ パン粉…大さじ4
　│ 塩、こしょう…各少々
ベーコン…4枚
B │ ミニトマト…14個
　│ 水…1 3/4カップ
　│ 塩…小さじ1/2
　│ こしょう…少々
　│ ローリエ…1枚

作り方
1 キャベツは芯の厚い部分は薄くそぎ落とし、水にくぐらせてから耐熱ボウルに入れ、ラップをかけて電子レンジで3分加熱する。
2 玉ねぎはみじん切りにし、Aとねりまぜる。
3 1に4等分した2をのせて包み、ベーコンを巻いて端をつまようじでとめる。
4 炊飯ジャーに3を並べ、Bを加えてふつうに炊く。

1 ロールキャベツ、Bを入れて

PART 3 ごちそうおかず スイッチポン！

調理のPOINT

● キャベツの芯の厚い部分は薄くそぐと包みやすいうえ、均一にやわらかくでき上がる。

ふつうモード　ピ！

2 完成！

好みのやわらかさまで加熱してOK。ごはんにもお酒にもぴったり

やわらか牛すじ煮込み

材料(4人分)
牛すじ肉…500g
にんにく…1かけ
しょうが…1かけ
ねぎの青い部分…1本分
つきこんにゃく(下ゆでずみ)
　…1袋(150g)
焼きどうふ…1丁
しょうゆ…½カップ
みりん…½カップ

作り方
1 牛すじは5cm幅に切る。
2 炊飯ジャーに1、にんにく、しょうが、ねぎを入れ、水を5の目盛りまで注ぎ、おかゆモードで炊く。
3 つきこんにゃくはざく切り、焼きどうふは水けをきって8等分に切る。
4 2が炊き上がったら、具材と汁に分ける。具材は炊飯器に戻し入れ、3、しょうゆ、みりんを加える。汁1.5カップを注ぎ、おかゆモードで炊く。食べるときに好みで七味とうがらしを振っても。

PART 3 ごちそうおかず スイッチポン！

牛すじ、香味野菜、水を入れ

おかゆモード

ピ！

食材MEMO

牛すじ
すじがとても多く、濃厚な味わいの部位。炊飯ジャーで加熱するとトロトロに。

煮汁を減らし、こんにゃく、とうふ、調味料を加えて

おかゆモード

完成！

調理のPOINT

- 2回目に炊くときは、牛すじを下に入れ、その上にこんにゃく、とうふをのせて。牛すじがやわらかく仕上がる。

プルーンのやさしい甘みが美味。肉をやわらかく仕上げてくれる
ラムとプルーンの赤ワイン煮

材料(4人分)
ラムチョップ…8本
塩、こしょう…各少々
玉ねぎ…½個
セロリ…½本
にんにく…1かけ
A　赤ワイン、水…各½カップ
　　乾燥プルーン…8個
　　トマトピュレ…¼カップ
　　ローズマリー…2本
　　しょうゆ…小さじ1
　　塩…小さじ½
　　こしょう…少々

作り方
1 ラムチョップは塩、こしょう振る。
2 玉ねぎ、セロリ、にんにくはみじん切りにする。
3 炊飯ジャーに1、2を入れ、Aを加えたらふつうに炊く。

PART 3 ごちそうおかず スイッチポン！

1

ラムチョップ、野菜、Aを入れて

ふつうモード

ピ！

2

完成！

食材MEMO

乾燥プルーン
西洋スモモを乾燥させたもの。食物繊維や鉄分などの栄養が豊富に含まれている。

ジャムを添えれば本格的。炊いている間にマッシュポテトを作って
北欧風白いミートボール

材料(4人分)
玉ねぎ…½個
A │ 合いびき肉…400g
  │ 卵…S1個
  │ パン粉…大さじ4
  │ 塩…小さじ½
  │ こしょう…少々
小麦粉…大さじ3
しめじ…2パック（200g）
ローリエ…1枚
クリームチーズ…100g
塩…小さじ1
こしょう…少々
マッシュポテト、ジャム…各適量

作り方
1 玉ねぎはみじん切りにする。
2 ボウルに1、Aを入れてよくねりまぜる。12等分の一口大に丸め、小麦粉をまぶす。
3 炊飯ジャーにミートボール同士がくっつかないようにほぐしたしめじを間にはさみながら2を入れる。さらにローリエ、水2カップを加え、ふつうに炊く。
4 さっくりとまぜ、クリームチーズをちぎって加え、とかしながらさらにまぜ合わせ、塩、こしょうで味をととのえる。
5 器に盛り、マッシュポテト、ジャム（リンゴンベリーやラズベリー、ブルーベリーがおすすめ）を添える。

PART 3 ごちそうおかず スイッチポン!

ミートボール、しめじ、ローリエ、水を入れて

食材MEMO

リンゴンベリージャム
こけももで作った北欧でポピュラーなジャム。酸味があり、肉料理との相性が◎。

ふつうモード ピ!

マッシュポテトの作り方

1. じゃがいも400gは皮つきのままなべに入れ、かぶるくらいの水を加えて強火にかける。煮立ったら弱火で30分ほどゆで、竹ぐしなどを刺して、中まで火が通ったら、ざるに上げて熱いうちに皮をむく。
2. じゃがいもをなべに戻し入れ、すりこ木などでつぶしたら、弱火にかけ、牛乳、生クリーム各大さじ4を少しずつ（3回くらいに分けて）加えながらのばす。火を止め、バター10gを加えて余熱でとかし、塩小さじ1/2、こしょう少々で味をととのえ、好みで黒こしょうを振る。

クリームチーズ、塩、こしょうを加える

下ゆでも煮込みも炊飯器ひとつでOK
とろふわ豚の角煮

材料(4人分)
豚バラかたまり肉…500g
ねぎの青い部分…1本分
しょうが(薄切り)…1かけ分
にんにく…1かけ
A│酒、しょうゆ…各¼カップ
　│砂糖…大さじ2
ほうれんそう…200g
しらがねぎ…適量

作り方
1 炊飯ジャーに豚肉、ねぎ、しょうが、にんにくを入れ、かぶるくらいの水を注いでふつうに炊く。
2 豚肉はとり出し、1.5〜2cm厚さに切る。ゆで汁はボウルなどにとり出す。
3 炊飯ジャーに切った豚肉を戻し入れ、Aを加えてゆで汁を3の目盛りまで注いで再びふつうに炊く。
4 ほうれんそうはラップで包み、電子レンジで2分加熱し、3cm長さに切る。
5 器に3、4を盛り、しらがねぎをのせ、好みでねりがらしを添える。

まずは下ゆで

つづいて本調理

焼かずにふっくらジューシー。ハンバーグのトマト煮込み
煮込みハンバーグ

材料(4人分)
合いびき肉…400g
玉ねぎ…½個
しめじ…1パック
A 玉ねぎ（みじん切り）
　　…½個分
　パン粉…大さじ4
　とき卵…½個分
　牛乳…大さじ1
　塩…小さじ½
　こしょう…少々

B ブラックオリーブ
　　…12個
　トマト缶…1.5カップ
　赤ワイン…¼カップ
　水…½カップ
　ソース（ウスターや
　　中濃などあるもので）
　　…大さじ2
　塩…小さじ½
　こしょう…少々

作り方
1 玉ねぎはくし形に切り、しめじは根元を切り落としてほぐす。
2 ボウルにひき肉、Aを入れてよくねり合わせ、小判形に形をととのえ、炊飯ジャーに重ならないように並べ入れる。
3 1、Bを加えてふつうに炊く。
4 器に盛り、あればイタリアンパセリを添える。

PART 3 ごちそうおかず スイッチポン！

1 ハンバーグだね、その他の材料を入れて

調理のPOINT

● ハンバーグだねは、炊飯ジャーの側面にかけてはりつけるように並べて、重ならないように。

ふつうモード　ピ！

食材MEMO

ブラックオリーブ
完熟した実を使っているので、グリーンオリーブよりもくせがなく、穏やかな味わい。

イタリアンパセリ
日本のパセリとくらべ、風味が強くなく、歯ざわりもやわらかいのが特徴。

2 完成！

手羽先のうまみが大根にしみてる！
手羽先と大根の中華風煮込み

材料(4人分)
鶏手羽先…8本
大根…8cm
ねぎ…1本
しょうが、にんにく…各1かけ
A シナモンスティック…1本
　八角…1個
　酒、しょうゆ…各大さじ3
　オイスターソース…大さじ2
　砂糖…大さじ1

作り方
1 大根は2cm厚さの半月切り、ねぎはぶつ切りにする。しょうが、にんにくは薄切りにする。
2 炊飯ジャーに手羽先、1、Aを入れ、水を4の目盛りまで注いでふつうに炊き、保温モードで20分おく。

PART 3 ごちそうおかずスイッチポン！

1 すべての材料と水を入れて

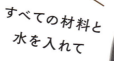
保温モード ピ！

↓

2 完成！

食材MEMO

シナモンスティック
スイーツや飲み物などに使われることが多い。ほのかな甘い香りが特徴。

八角
香りが強く八角状の星形が特徴で、中華料理でよく使われる。

丸くて大きなミートローフは型なしでラクラク。おもてなしにも◎

大きなミートローフ

材料(4人分)
合いびき肉…400g
A │ 玉ねぎ（みじん切り）
　　　…½個分
　　卵…1個
　　パン粉…½カップ
　　デミグラスソース…¼カップ
　　塩…小さじ⅓
　　こしょう…少々
グリーンアスパラガス…5本
ベーコン…4枚

作り方
1 ボウルにひき肉、Aを入れ、よくねり合わせる。
2 アスパラは根元のかたい皮をむき、長さを半分に切る。
3 炊飯ジャーにベーコンを敷き、1の半量を敷き詰めて2を並べ、残りの1をのせてならしてふつうに炊く。
4 あら熱がとれたら汁けをきってひっくり返し、ベーコンを上にしてとり出し、食べやすく切る。

PART 3 ごちそうおかずスイッチポン！

1　ベーコン、肉だね、アスパラガスを重ねて

ふつうモード　ピ！

2　あら熱をとり、汁けをきる

調理のPOINT

● ベーコンはすき間がないように敷き、肉だねは厚みを均一に重ねて。

ぶりのうまみと味のしみた大根が美味
味しみぶり大根

材料(4人分)
ぶりのあら
　(なければ切り身でもOK)…500g
大根…8cm
こぶ…5×6cm1枚
A｜しょうゆ…大さじ6
　｜酒…大さじ3
　｜砂糖…大さじ3
　｜しょうが(薄切り)…1かけ分

作り方
1 炊飯ジャーにこぶを入れ、水を2の目盛りまで注ぎ、やわらかくもどす。
2 ぶりは熱湯にくぐらせて霜降りにし、くさみをとる。大根は2cm厚さの半月切りにし、できれば面取りをする。
3 1に2、Aを加え、ふつうに炊く。

PART 3 ごちそうおかず スイッチポン！

こぶ、水を入れてもどし、ぶり、大根、Aを加えて

ふつうモード　ピ！

完成！

調理のPOINT

● こぶをもどしている間に、材料の下ごしらえを。こぶは入れたまま残りの材料を入れてスイッチ「ピ！」で超簡単。

切り身魚を使えばとっても簡単。好みの旬の魚で!
アクアパッツァ

材料(4人分)
白身魚(すずき)…4切れ
あさり(砂出しずみ)
　…200g
ミニトマト…1パック
ローリエ…1枚
にんにく(薄切り)
　…1かけ分
オリーブ…12個
白ワイン…½カップ
オリーブ油…小さじ2
塩、こしょう…各適量
イタリアンパセリ…適量

作り方
1 白身魚は塩、こしょう各少々を振る。
2 炊飯ジャーに1、あさり、ミニトマト、ローリエ、にんにく、オリーブを入れ、白ワイン、オリーブ油を回し入れ、塩小さじ½、こしょう少々を振り、早炊きモードで炊く。
3 器に盛り、あらめに刻んだイタリアンパセリを散らす。

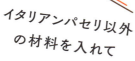

PART 3 ごちそうおかず スイッチポン！

1 イタリアンパセリ以外の材料を入れて

早炊きモード ピ！

2 完成！

調理のPOINT

● 魚はすずきのほかに、たいやサーモンなど、好みのものでOK。切り身を使うのが手軽。

ココナッツミルクのコクにピリ辛がクセになる、タイ風スープ
トムヤムクン

材料(4人分)
有頭えび
　（ブラックタイガーなど）
　…8尾
玉ねぎ…¼個
たけのこ（水煮）…50g
しめじ…½パック（50g）
ミニトマト…½パック
にんにく…1かけ
しょうが…1かけ

A
- ナンプラー…大さじ1.5
- コチュジャン…小さじ2
- 豆板醬…小さじ1
- 鶏ガラスープのもと…小さじ1
- 砂糖…小さじ2
- 水…2.5カップ

ココナッツミルク…1カップ
レモン汁…大さじ2
パクチー（飾り用）…適量

作り方
1. えびは背わたをとり、頭の先をはさみで切る。玉ねぎはくし形切りにし、たけのこは細切りにする。しめじはほぐす。にんにく、しょうがは薄切りにする。
2. 炊飯ジャーに**1**、ミニトマト、**A**を入れ、早炊きモードで炊く。
3. ココナッツミルク、レモン汁を加えてまぜ合わせる。
4. 器に盛り、ざく切りにしたパクチーをのせる。

PART 3 ごちそうおかず スイッチポン！

1

えび、野菜、Aを入れて

早炊きモード

ピ！

食材MEMO

ココナッツミルク
ココナッツの実が原料で、甘い香りが特徴。カレーやデザートなどにも使われる。

ナンプラー
主にタイ料理で使われる魚醬(ぎょしょう)。料理に加えるだけで、エスニックに。

2

ココナッツミルク、レモン汁を加えてまぜる

パサつかずしっとり。しょうがを入れることでくさみなく仕上がります

さばみそ煮

材料(4人分)
さば…2尾
しょうが…20g
A｜酒…½カップ
　｜砂糖…大さじ3
　｜みそ…大さじ2
　｜しょうゆ…小さじ2
みそ…大さじ1

作り方
1 さばは頭と尾を切り落とし、2cm厚さの輪切りにし、わたをとる。熱湯を回しかけて霜降りにし、よく洗ってくさみをとる。
2 しょうがは半量は薄切り、残りは針しょうがにする。
3 炊飯ジャーに1、2の薄切りしょうが、Aを入れる。水を3の目盛りまで注いでふつうに炊く。
4 みそを加えてとき、器に盛って2の針しょうがをのせる。

PART 3 ごちそうおかず スイッチポン！

さば、しょうが、A、水を入れて

ふつうモード ピ！

みそをとき入れて完成！

調理のPOINT

● ざるをのせたボウルにさばを並べ、熱湯を回しかけたらよく洗い、くさみをとる。

● 最後にみそをとき入れることで、コクと香りが引き立っておいしくなる。

パックで売られているあらを使えばとっても簡単。たい以外でもOK
あら煮

材料(4人分)
たいのあら … 600g
しょうが（薄切り）… 1かけ分
A ｜ 酒 … ½カップ
　｜ しょうゆ … 大さじ3
　｜ 砂糖、みりん … 各大さじ1

作り方
1 あらはざるにのせ、熱湯を回しかけて霜降りにし、よく洗ってくさみをとる。
2 炊飯ジャーに1、しょうが、Aを入れ、水を3の目盛りまで注いでふつうに炊く。

PART 3 ごちそうおかずスイッチポン！

1 すべての材料と水を入れて

→ ふつうモード ピ！

2 完成！

調理のPOINT
● あらはくさみが残りやすいので、熱湯を回しかけたら、指でこすりながらよく洗う。

数種類の魚介を使った、うまみたっぷりの洋風トマトスープ
ブイヤベース

材料(4人分)
えび…8尾
あさり(砂出しずみ)…200g
いか…1ぱい
玉ねぎ…½個
にんにく…1かけ
A トマト缶…1カップ
　サフラン…ひとつまみ
　白ワイン…½カップ
　塩…小さじ1
　こしょう…少々
　ローリエ…1枚
みそ…小さじ1

作り方
1 えびは背わたをとり、あさりはよく洗う。いかは胴から足を抜き、わたと軟骨をとる。胴は輪切り、足は2〜3本に分け、吸盤をとる。
2 玉ねぎ、にんにくはみじん切りにする。
3 炊飯ジャーに1、2、Aを入れ、水を5の目盛りまで注いでふつうに炊く。
4 みそをとき入れて調味する。

PART 3 ごちそうおかず スイッチポン!

1 魚介、野菜、A、水を入れて

ふつうモード ピ!

2 みそをとき入れて完成!

調理のPOINT

● 仕上げにみそを加えることで、炊飯ジャーにこもった魚介のにおいをやわらげる。

定番の煮物も火かげんなしで簡単！煮くずれせず味もよくしみる
肉じゃが

材料(4人分)
じゃがいも…400g
牛薄切り肉…200g
玉ねぎ…½個
しらたき（下ゆでずみ）
　…1袋（180g）
A ┃ だし…1.5カップ
　 ┃ しょうゆ…大さじ4
　 ┃ みりん…大さじ3
　 ┃ 砂糖…大さじ1
グリーンピース（水煮）…30g

作り方
1 じゃがいもは大きめの一口大に切る。玉ねぎはくし形切りにし、しらたきはざく切りにする。
2 炊飯ジャーに**1**を入れ、牛肉をかたまらないようにほぐしながら加える。**A**を加え、ふつうに炊く。
3 汁けをきったグリーンピースを加え、さっくりまぜて、10分ほど蒸らして味をなじませる。

PART 3 ごちそうおかず スイッチポン！

1 グリーンピース以外の材料を入れて

ふつうモード ピ！

2 グリーンピースを加えてまぜ、10分蒸らす

調理のPOINT
- 牛肉を入れるときは、ほぐしてバラしながら、全体に広げるのがポイント。

野菜をたっぷり食べられる、とろりとおいしいトマト煮
ラタトゥイユ

材料(4人分)
なす…3個
ズッキーニ…1本
ねぎ…1本
パプリカ（赤）…1個
ピーマン…2個
しいたけ…6個
A│にんにく（みじん切り）…1かけ分
　│トマト缶…1カップ
　│ローリエ…1枚
　│塩…小さじ1
　│こしょう…少々
　│オリーブ油…大さじ1
しょうゆ…少々

作り方
1 なす、ズッキーニは1.5cm厚さの半月切りにし、ねぎは1.5cm長さに切る。パプリカ、ピーマンは1.5cm角に切る。しいたけは4等分に切る。
2 炊飯ジャーにピーマン以外の1、Aを入れ、ざっくりまぜ、ふつうに炊く。
3 ピーマン、しょうゆを加え、5分ほど蒸らして味をなじませる。

PART 3 ごちそうおかず スイッチポン！

1 ピーマン、しょうゆ以外の材料を入れて

ふつうモード ピ！

2 ピーマン、しょうゆを加え、5分蒸らす

調理のPOINT

● ピーマンは変色しやすいので、蒸らす際に加える。蒸らしてから全体をまぜて。

ビールによく合うスパイシーな煮込み
チリビーンズ

材料(4人分)
金時豆またはキドニービーンズ（乾燥）
　…1カップ
合いびき肉 … 200g
玉ねぎ … 1個
にんにく … 1かけ
A｜トマト缶 … 2カップ
　｜水 … 1.5カップ
　｜塩、顆粒スープ、
　｜　チリパウダー … 各小さじ1
　｜カイエンペッパー … 小さじ½
　｜こしょう … 少々

作り方
1 金時豆は水にひたして一晩おく。
2 玉ねぎ、にんにくはみじん切りにする。
3 炊飯ジャーに2、水けをきった1、ひき肉、Aを加えてよくまぜ合わせ、ふつうに炊く。
4 器に盛り、あればタコチップなどを添えても。

PART 3 ごちそうおかず スイッチポン！

1 材料を入れてまぜる

ふつうモード ピ！

2 完成！

食材MEMO

金時豆
皮が厚いので煮くずれしにくく、チリビーンズなどの煮込み料理に多く使われる。

タコチップ
とうもろこしを原料にしたメキシコのチップス。そのままでもディップしてもおいしい。

カイエンペッパー
乾燥させた赤とうがらしを粉末にした香辛料。辛みが強いので入れすぎ注意。

よく味がしみ込んだ冬に食べたい一品
じんわりおでん

材料（4人分）
大根…8cm
こんにゃく…1枚
油揚げ…2枚
かんぴょう…60cm
切りもち…2個
こぶ…6×15cm2枚
さつま揚げなどのねり物…4枚
A｜しょうゆ、みりん…各¼カップ
　｜砂糖…大さじ1
　｜塩…小さじ½

作り方
1 こぶは水に10分ほどひたしてやわらかくもどし、短い辺を半分に切って結ぶ。もどし汁はとっておく。
2 大根は2cm厚さの輪切りにし、隠し包丁（十文字に切り込み）を入れて面取りする。こんにゃくは熱湯で2分下ゆでし、格子状に切り目を入れて三角形になるように4等分に切る。
3 かんぴょうは塩適量（分量外）を振ってもみ洗いし、4等分に切る。油揚げは半分に切って袋状にし、熱湯をかけて油抜きする。切りもちを半分に切って油揚げに詰め、かんぴょうで口をしばる。
4 炊飯ジャーに1、2、3、ねり物、Aを入れ、1のもどし汁を4の目盛りまで注ぎ（足りなければ水を足す）、ふつうに炊く。器に盛り、好みでねりがらしを添える。

PART 3 ごちそうおかずスイッチポン！

1 すべての具材、調味料、こぶのもどし汁を入れて

ふつうモード ピ！

2 完成！

調理のPOINT

● 格子状に切り目を入れて三角に切ることで、味がしみやすく、食べやすくなる。

● 油揚げにもちを入れて作る巾着の口は、もみ洗いしたかんぴょうでしっかりとしばってとじる。

炊飯器なら白いんげん豆よりうまみを吸ってくれるレンズ豆で
カスレ〜フランスの豆の煮込み〜

材料(4人分)
レンズ豆（皮つき・乾燥）
　…200g
ソーセージ（あれば骨つきなど
　好みで）…4本
玉ねぎ…50g
セロリ…50g
にんじん…50g
にんにく…1かけ
白ワイン…¼カップ
塩…小さじ1
こしょう…少々
オリーブ油…小さじ2

作り方
1 レンズ豆はさっと洗う。
2 玉ねぎ、セロリ、にんじん、にんにくはあらみじんに切る。
3 炊飯ジャーに水けをきった1、2、ソーセージ、白ワイン、塩、こしょうを入れ、水2.5カップを注ぎ、ふつうに炊く。
4 オリーブ油を回しかける。

なすに味がしみたシンプルなおかず
なすの煮物

材料(4人分)
なす…4個
A　だし…1.5カップ
　　砂糖…大さじ1
　　しょうゆ…大さじ2
　　みりん…大さじ1
　　ごま油…小さじ2
　　塩…小さじ¼
しょうが（すりおろす）…適量

作り方
1 なすはガクをぐるりと切りとり、縦半分に切ってから格子状に5mm間隔の切り目を入れる。
2 炊飯ジャーに1、Aを入れ、早炊きモードで炊く（あれば変色防止の鉄玉を入れても）。
3 器に盛り、しょうがを添える。あたたかくてもいいですが、冷やして味をなじませてもおいしいです。

だしで煮た、やさしい味の一品
かぼちゃの煮物

材料(4人分)
かぼちゃ…500g
A　だし…1カップ
　　砂糖…大さじ3
　　みりん…大さじ1
　　薄口しょうゆ…大さじ1

作り方
1 かぼちゃは3～4cm角に切り、できれば面取りする。
2 炊飯ジャーに1、Aを入れ、早炊きモードで炊く。

PART 3 ごちそうおかずスイッチポン！

なす、Aを入れて → 早炊きモード ピ！ → 完成！

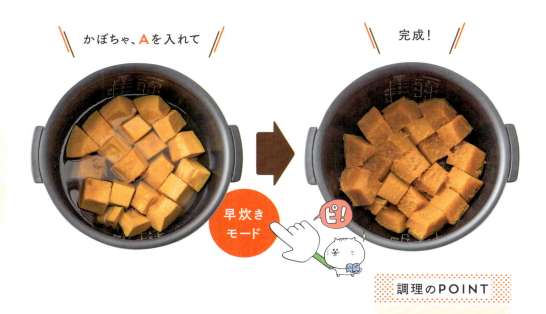

かぼちゃ、Aを入れて → 早炊きモード ピ！ → 完成！

調理のPOINT

● かぼちゃは火の通りにくい皮目が下にくるように並べるのが、煮くずれを防ぐコツ。

米の種類のこと

生産されている場所や、精米方法などで、たくさんの種類があるお米。色、形、香り、食感の違いなど、実にさまざま。料理によって使い分ければ、より本格的に仕上がります。

❶ タイ米
タイが原産地で細長く独特の香りがある。パサパサ、パラパラとした食感で、スパイスのきいたカレーなどに合う。

❷ インディカ米
細長く、日本の白米とくらべて、炊くと粘りけが少なくパサパサしている。パエリアやピラフなどに向く。

❸ 赤米
古代米の一種で、赤色が特徴。古くからお供え物やお祝い事で使われており、白米にくらべ、粘りけが少ない。

❹ 黒米
玄米の種皮に紫黒色素を含んだ米。炊く前に水につける時間を多くすると、ふっくらと仕上がる。

❺ 白米
日本の食卓で一般的に食べられており、玄米からぬかと胚芽を除いたもの。でんぷんが多く含まれる。

❻ 玄米
白米を精米する前の状態の米。茶色くかみごたえがあり、ビタミン、ミネラル、食物繊維などの栄養が豊富。

❼ もち米
白米よりも粘りけが強く、冷めてもかたくなりにくい。もちや赤飯のほか、だんごや菓子の原料としても使われる。

❽ 十五穀米
十五種類の穀物をまぜ合わせたもので、白米とまぜて炊くことで、栄養価を高めたり、独特の食感が出たりする。

❾ 押し麦
大麦を精麦し、蒸気で加熱してからローラーで平らに押し、乾燥させたもの。食物繊維を多く含んでいる。

PART4
極めたい ごはんもの

炊き込みごはんはもちろん、ピラフ、リゾットもお手のもの。ごはん料理のレパートリーをふやしましょう！ チャーハンやピラフはいためないのでヘルシー♪

塩けとこぶ&酒の風味が絶品。グリーンピースの緑がさわやか!
グリーンピースごはん

材料(4人分)
米…540ml（3合）
グリーンピース（さやから出したもの）
　…100g
こぶ…約5×6cm1枚
酒…大さじ1
塩…小さじ1.5

作り方
1 米は洗って水に30分ほどつけ、ざるに上げて水けをきる。
2 こぶは水にひたしてもどす。もどし汁はとっておく。
3 炊飯ジャーに1、グリーンピース、酒、塩、2のこぶを入れ、もどし汁を3の目盛りまで注ぎ（足りない場合は水を足す）、ふつうに炊く。
4 こぶをとり出し、さっくりとまぜ合わせて10分蒸らす。

PART 4 極めたいごはんもの

1 米、グリーンピース、調味料、こぶ、もどし汁を入れて

ふつうモード

2 こぶをとり、まぜ合わせる

調理のPOINT

- こぶをもどすときは、3カップほどの水を用意して。

水煮のたけのこで手軽に作れる。豚バラとこぶのうまみは極上
豚バラのたけのこごはん

材料(4人分)
米…540㎖(3合)
たけのこ(水煮)…200g
豚バラ薄切り肉…100g
こぶ…5×6cm1枚
A │ 薄口しょうゆ…大さじ1
  │ みりん…大さじ1
  │ 塩…小さじ1

作り方
1 米は洗って水けをきる。こぶはぬれぶきんでさっとふく。
2 たけのこは穂先はくし形切り、下のほうは薄切りにする。豚肉は1.5cm幅に切る。
3 炊飯ジャーに1を入れて2をのせ、Aを回し入れ、水を3の目盛りまで注ぎ、ふつうに炊く。
4 炊き上がったらさっくりとまぜ合わせ、器に盛り、好みで刻みのりを散らす。

PART 4 極めたいごはんもの

1 すべての材料、水を入れて

ふつうモード ピ!

2 さっくりとまぜる

調理のPOINT

● 炊飯ジャーに、米、こぶ、具材、調味料を入れ、最後に水を加えるのがコツ。

ホクホクの甘い栗がごろっと入った♪
栗ごはん

材料(4人分)
米…540mℓ（3合）
栗（皮つき）…400g
A │ 酒…大さじ1
　│ 塩…小さじ1.5

作り方
1 栗は水に一晩つけ、皮をむく。
2 米は洗って水に30分ほどつけ、ざるに上げて水けをきる。
3 炊飯ジャーに2、Aを入れて水を3の目盛りまで注ぎ、1を加えふつうに炊く。さっくりとまぜ合わせて10分蒸らす。

PART 4 極めたいごはんもの

1

すべての材料と水を入れて

ふつうモード ピ！

2

完成！

調理のPOINT

● 栗の皮をむくときは、底の部分を切り落としたあと、平らな面を切り落とす。

● 栗を手に持ち、残りの皮を包丁を上下に動かしながらむいていく。

ぷりっとしたカキの食感とうまみを楽しんで
カキごはん

材料(4人分)
米 … 540㎖（3合）
カキ（むき身）… 250g
A┃だし … 1.5カップ
　┃酒、薄口しょうゆ … 各大さじ2
　┃みりん … 大さじ1
三つ葉（ざく切り）… 20g
もみのり … 適量

作り方
1 カキはよく洗い、キッチンペーパーで水けをふきとる。
2 なべにAをあたため、カキを入れて3分ほど中火で煮る。煮汁と身を分け、煮汁はあら熱をとる。
3 米は洗って水に30分ほどつけ、ざるに上げて水けをきる。
4 炊飯ジャーに3を入れ、2の煮汁を3の目盛りまで注ぎ（足りない場合は水を足す）、ふつうに炊く。
5 2のカキの身を入れてさっくりとまぜ合わせて10分蒸らし、器に盛り、三つ葉、もみのりを散らす。

PART 4 極めたいごはんもの

1

米、カキの煮汁を入れて

ふつうモード

ピ！

調理のPOINT

●身と煮汁を分けたら、炊飯はうまみたっぷりの煮汁だけで。

●炊飯したあと、分けておいたカキをまぜれば、身がふっくら。

2

カキの身を加えてまぜ合わせる

3

完成！

炊き込みごはん 塩味ベース

酒大さじ1 : 塩小さじ1.5

塩味がベースの炊き込みごはんは、切り身魚などの魚介、じゃがいもやさつまいもなどがよく合います。仕上げにバターを加えると、洋風になります。

ふつうモード

切り身を使って手軽に作る、たいめし

たいめし

材料（4人分）
米 … 540ml（3合）
たい … 3切れ
こぶ … 5×6cm1枚
酒 … 大さじ1
塩 … 小さじ1.5
三つ葉（ざく切り）… 適量

作り方
1 こぶは水にひたしてやわらかくもどす。もどし汁はとっておく。
2 米は洗って水に30分ほどつけ、ざるに上げて水けをきる。
3 炊飯ジャーに**2**、酒、塩、**1**のこぶを入れ、もどし汁を3の目盛りまで注ぎ（足りない場合は水を足す）、たいをのせてふつうに炊く。
4 こぶとたいをとり出し、たいは骨などを除いて身をほぐし（飾り用にたいをとりおいても）、炊飯ジャーに戻し入れてさっくりとまぜ合わせ、10分蒸らす。
5 器に盛り、三つ葉を散らす。

PART 4 極めたいごはんもの

ふつうモード

ほたてのうまみとバターの風味が絶妙

ほたてとアスパラの塩バターピラフ

材料(4人分)
米 … 540㎖（3合）
ほたて貝柱 … 150g
グリーンアスパラガス … 3本
こぶ … 5×6㎝1枚
酒 … 大さじ1
塩 … 小さじ1.5
バター … 10g

作り方
1 こぶは水にひたしてやわらかくもどす。もどし汁はとっておく。
2 米は洗って水に30分ほどつけ、ざるに上げて水けをきる。アスパラは下のほうのかたい皮をむき、3㎝長さに切る。
3 炊飯ジャーに2、酒、塩を入れる。1のこぶを入れ、もどし汁を3の目盛りまで注ぐ（足りない場合は水を足す）、貝柱を加えてふつうに炊く。
4 バターを加えてさっくりとまぜ合わせ、10分蒸らす。

炊き込みごはん **塩味ベース**

ふつうモード

ほくほくっとしたじゃがいもとベーコンで、ジャーマン風ピラフ

ベーコンとポテトの炊き込みピラフ

材料（4人分）
米 … 540㎖（3合）
じゃがいも … 300g
ベーコン … 2枚
こぶ … 5×6cm1枚
酒 … 大さじ1
塩 … 小さじ1.5
あらびき黒こしょう … 適量

作り方
1 こぶは水にひたしてやわらかくもどす。もどし汁はとっておく。
2 米は洗って水に30分ほどつけ、ざるに上げて水けをきる。じゃがいもはよく洗い、1.5cm角程度に切る。ベーコンは1.5cm幅に切る。
3 炊飯ジャーに米、酒、塩を入れる。1のこぶを入れ、もどし汁を3の目盛りまで注ぎ（足りない場合は水を足す）、じゃがいもとベーコンを加えてふつうに炊く。炊き上がったら、さっくりとまぜ合わせて10分蒸らす。
4 器に盛り、黒こしょうを振る。

PART 4 極めたいごはんもの

ふつうモード

やさしい甘みと塩けが広がってほっとする味

さつまいもごはん

材料(4人分)
米 … 540㎖(3合)
さつまいも … 200g
こぶ … 5×6cm1枚
酒 … 大さじ1
塩 … 小さじ1.5
いり黒ごま … 適量

作り方
1 こぶは水にひたしてやわらかくもどす。もどし汁はとっておく。
2 米は洗って水に30分ほどつけ、ざるに上げて水けをきる。さつまいもは1cm角に切る。
3 炊飯ジャーに米、酒、塩を入れる。1のこぶを入れ、もどし汁を3の目盛りまで注ぎ(足りない場合は水を足す)、さつまいもを加えてふつうに炊く。炊き上がったら、さっくりとまぜ合わせて10分蒸らす。
4 器に盛り、黒ごまを振る。

炊き込みごはん　しょうゆベース

しょうゆ大さじ2：酒大さじ2：みりん大さじ2＋塩

炊き込みごはんといえば、定番のしょうゆベースの味つけが人気です。肉と根菜、魚介類と香味野菜の組み合わせは相性◎。季節ごとに好みの食材で作ってみて。

ふつうモード

豚肉などの具材が入った沖縄料理

じゅーしー 〜沖縄風炊き込みごはん〜

材料(4人分)
- 米…540mℓ（3合）
- 豚バラ薄切り肉…150g
- 刻みこぶ（乾燥）…5g
- 干ししいたけ…2個
- にんじん…1/4本
- A
  - しょうゆ、酒、みりん…各大さじ2
  - 塩…ふたつまみ

作り方
1. 豚肉は2cm幅に切る。刻みこぶは水にひたしてもどし、ざく切りにする。干ししいたけは水にひたしてもどし、薄切りにする。刻みこぶと干ししいたけのもどし汁はとっておく。にんじんは細切りにする。
2. 米は洗って水に30分ほどつけ、ざるに上げて水けをきる。
3. 炊飯ジャーに2、Aを入れ、1のもどし汁を3の目盛りまで注ぎ（刻みこぶのもどし汁は多め、しいたけのもどし汁は少々でOK）、1の具材を加えてふつうに炊く。炊き上がったら、さっくりとまぜ合わせて10分蒸らす。

PART 4 極めたいごはんもの

ふつうモード

たこのうまみとしょうがの風味がマッチ

たことしょうがのごはん

材料(4人分)
米 … 540㎖（3合）
ゆでだこ … 200g
しょうが … 1かけ
だし … 適量
A｜しょうゆ、酒、みりん
　　… 各大さじ2
　｜塩 … ひとつまみ
青じそ（細切り）… 5枚分

作り方
1 ゆでだこはそぎ切りにする。しょうがはせん切りにする。
2 米は洗って水に30分ほどつけ、ざるに上げて水けをきる。
3 炊飯ジャーに2、Aを入れ、だしを3の目盛りまで注ぎ、1を加えてふつうに炊く。
4 さっくりとまぜ合わせて10分蒸らし、器に盛り、青じそをのせる。

炊き込みごはん **しょうゆベース**

ふつうモード

これぞ炊き込みごはんの定番！
鶏五目ごはん

材料(4人分)
米…540㎖（3合）
鶏もも肉…200g
ごぼう…1/4本
にんじん…1/4本
しいたけ…2個
油揚げ…1/2枚
A｜しょうゆ、酒、みりん
　　…各大さじ2
　　塩…ふたつまみ

作り方
1 鶏肉は小さめの一口大に切る。ごぼうはささがき、にんじんは5㎜角、しいたけは石づきを除いて5㎜角に切る。油揚げは熱湯を回しかけて油抜きし、5㎜角に切る。
2 米は洗って水に30分ほどつけ、ざるに上げて水けをきる。
3 炊飯ジャーに **2**、**A** を入れ、水を3の目盛りまで注ぎ、**1** を加えてふつうに炊く。
4 さっくりとまぜ合わせて10分蒸らす。

PART 4 極めたいごはんもの

ふつうモード

さんしょうの風味がアクセント。しょうがなどをのせても
さんまの炊き込みごはん

材料(4人分)
米…540㎖（3合）
さんま…2尾
塩…小さじ1
実ざんしょう（水煮）…大さじ1
A | しょうゆ、酒、みりん
　　…各大さじ2

作り方
1 さんまは頭やわたをとって半分に切り、塩を振って魚焼きグリルで焼く。
2 米は洗って水に30分ほどつけ、ざるに上げて水けをきる。
3 炊飯ジャーに2、実ざんしょう、Aを入れ、水を3の目盛りまで注ぎ、1を加えてふつうに炊く。
4 さんまをとり出して身をほぐし、骨を除く。炊飯ジャーに戻し、さっくりとまぜ合わせて10分蒸らす。

炊き込みピラフ トマトベース

トマト1個：塩小さじ1.5：こしょう少々

まん中にフレッシュトマトをまるごと1個のせる、斬新なピラフ。炊き上がったらくずしながらまぜ合わせると、トマトベースの炊き込みごはんに。

鮭とズッキーニのトマトピラフ

ミートボールとかぼちゃのトマトピラフ

減塩したいときは塩鮭を生鮭にかえてもOK！

鮭とズッキーニのトマトピラフ

材料(4人分)
米 … 540㎖（3合）
塩鮭 … 2切れ
ズッキーニ … 1/2本
トマト … 1個
塩 … 小さじ1.5
こしょう … 少々

作り方
1 米は洗って水に30分ほどつけ、ざるに上げて水けをきる。ズッキーニは薄い半月切りにする。
2 炊飯ジャーに1、塩、こしょうを入れ、トマトをグイグイッと底まで届くように押し込み、水を3の目盛りまで注ぎ、鮭をのせてふつうに炊く。
3 トマトと鮭をほぐしながらさっくりとまぜ合わせ、10分蒸らす。

ふつうモード

ごろっと入ったミートボールが楽しい

ミートボールとかぼちゃのトマトピラフ

ふつうモード

材料(4人分)
米 … 540㎖（3合）
ミートボール
　（市販品・総量120g　固形量75g）
　… 1パック
かぼちゃ … 150g
トマト … 1個
塩 … 小さじ1.5
こしょう … 少々

作り方
1 米は洗って水に30分ほどつけ、ざるに上げて水けをきる。かぼちゃは1.5cm角に切る。
2 炊飯ジャーに1、塩、こしょうを入れ、トマトをグイグイッと底まで届くように押し込み、水を3の目盛りまで注ぎ、ミートボールを加えてふつうに炊く。
3 トマトをくずしながらさっくりとまぜ合わせ、10分蒸らす。

炊き込みピラフ トマトベース

ほどよい酸味とルッコラの風味がさわやか。さっぱりと食べられます

トマトとルッコラの
ピラフ

材料(4人分)
米 … 540㎖（3合）
トマト … 1個
ルッコラ（ざく切り）… 適量
塩 … 小さじ1.5
あらびき黒こしょう … 少々

作り方
1. 米は洗って水に30分ほどつけ、ざるに上げて水けをきる。
2. 炊飯ジャーに1、塩、黒こしょうを入れ、トマトをグイグイッと底まで届くように押し込み、水を3の目盛りまで注ぎ、ふつうに炊く。
3. トマトをつぶしながらさっくりとまぜ合わせ、10分蒸らす。器に盛る直前にルッコラを加えてまぜる。

ふつうモード

ツナのうまみが口の中に広がる！

ツナトマトピラフ

ふつうモード

材料(4人分)
米 … 540㎖（3合）
ツナ缶 … 小1缶
トマト … 1個
塩 … 小さじ1.5
こしょう … 少々
イタリアンパセリ（あらいみじん切り）
　… 適量

作り方
1. 米は洗って30分ほど水につけ、ざるに上げて水けをきる。
2. 炊飯ジャーに1、塩、こしょう、ツナを缶汁ごと入れ、トマトをグイグイッと底まで届くように押し込み、水を3の目盛りまで注ぎ、ふつうに炊く。
3. トマトをつぶしながらさっくりとまぜ合わせて10分蒸らし、器に盛り、イタリアンパセリを散らす。

PART 4 極めたいごはんもの

ツナトマトピラフ

トマトとルッコラのピラフ

炊き込みピラフ　コンソメベース
顆粒スープ小さじ2

コンソメ味の炊き込みは、いためず「ピラフ」のような仕上がりに。具は、レンズ豆やすりおろしにんじんなど、シンプルが一番。煮込み料理などに添えて。

レンズ豆のピラフ

なめたけ
ベーコンピラフ

キャロットピラフ

スモークサーモンと
オリーブのピラフ

PART 4 極めたいごはんもの

ふつうモード

ワンランク上の食卓に。ベーコンを加えて炊いても
レンズ豆のピラフ

材料(4人分)
米 … 540㎖（3合）
レンズ豆（乾燥）… 大さじ2
玉ねぎ … ½個
にんにく … ½かけ
顆粒スープ（コンソメ）… 小さじ2
塩 … 小さじ1.5
こしょう … 少々
ローリエ … 1枚

作り方
1 米は洗って水に30分ほどつけ、ざるに上げて水けをきる。
2 玉ねぎ、にんにくはみじん切りにする。レンズ豆はさっと洗う。
3 炊飯ジャーに**1**、顆粒スープ、塩、こしょう、ローリエを入れ、水を3の目盛りまで注ぎ、**2**を加えてふつうに炊く。さっくりとまぜ合わせて10分蒸らす。

食材MEMO

レンズ豆
小さく平たい形をしていて、水でもどさなくても使える。煮くずれしにくいので煮込み料理などに。

炊き込みピラフ コンソメベース

なめたけとベーコンの意外な組み合わせがgood

なめたけベーコンピラフ

材料(4人分)
米…540㎖（3合）
なめたけ（味つき）… 100g
ベーコン… 2枚
顆粒スープ（コンソメ）
　…小さじ2
万能ねぎ（小口切り）
　…大さじ2

作り方
1 米は洗って水に30分ほどつけ、ざるに上げて水けをきる。ベーコンは1cm幅に切る。
2 炊飯ジャーに**1**、なめたけ、顆粒スープを入れ、水を3の目盛りまで注ぎ、ふつうに炊く。
3 さっくりとまぜ合わせて10分蒸らし、器に盛って万能ねぎを散らす。

ふつうモード

ふつうモード

PART 4 極めたいごはんもの

ふつうモード

にんじん1本をまるまるすりおろして
キャロットピラフ

材料(4人分)
米… 540㎖（3合）
にんじん… 1本
顆粒スープ（コンソメ）
　…小さじ2
塩…小さじ1
こしょう…少々

作り方
1 米は洗って水に30分ほどつけ、ざるに上げて水けをきる。
2 にんじんはすりおろす。
3 炊飯ジャーに1、2、顆粒スープ、塩、こしょうを入れ、水を3の目盛りまで注ぎ、ふつうに炊く。炊き上がったら、さっくりとまぜ合わせて10分蒸らす。

オリーブの塩けがアクセントになって美味
スモークサーモンと
オリーブのピラフ

材料(4人分)
米 … 540㎖（3合）
スモークサーモン … 8枚
オリーブ（緑）… 40g
玉ねぎ … ¼個
顆粒スープ（コンソメ）
　… 小さじ2
塩 … 小さじ1
こしょう … 少々

作り方
1 米は洗って水に30分ほどつけ、ざるに上げて水けをきる。玉ねぎはみじん切り、オリーブは輪切りにする。
2 炊飯ジャーに1、スモークサーモン、顆粒スープ、塩、こしょうを入れ、水を3の目盛りまで注ぎ、ふつうに炊く。炊き上がったら、さっくりとまぜ合わせて10分蒸らす。

炊き込みピラフ　カレーベース

カレー粉大さじ1：塩大さじ1〜1.5：こしょう少々

スパイシーなカレー粉と塩をほのかにきかせたピラフは、うまみや塩分の強い加工肉や缶詰、納豆やじゃこなどと一緒に炊き込んで。子どもも大人も大好きな味。

オイルサーディンの
カレーピラフ

ごぼうとサラミの
カレーピラフ

納豆じゃこチーズの
カレーピラフ

ソーセージベジタブル
カレーピラフ

PART 4 極めたいごはんもの

ふつうモード

かむたびにごぼうとサラミのうまみが広がる

ごぼうとサラミの
カレーピラフ

材料(4人分)
米…540㎖（3合）
ごぼう…½本
サラミ…40g
カレー粉…大さじ1
塩…小さじ1
こしょう…少々
パセリ（みじん切り）
　…大さじ1

作り方
1 米は洗って水に30分ほどつけ、ざるに上げて水けをきる。ごぼうはささがきにして水にさらし、アクを抜く。サラミは細切りにする。
2 炊飯ジャーに1、カレー粉、塩、こしょうを入れ、水を3の目盛りまで注ぎ、ふつうに炊く。
3 さっくりとまぜ合わせて10分蒸らし、器に盛ってパセリを散らす。

炊き込みピラフ カレーベース

ミックスベジタブルで彩りきれい♪おべんとうにも
ソーセージベジタブルカレーピラフ

材料(4人分)
米…540㎖（3合）
ウインナソーセージ…4本
ミックスベジタブル（冷凍）…80g
カレー粉…大さじ1
塩…小さじ1.5
こしょう…少々

作り方
1 米は洗って水に30分ほどつけ、ざるに上げて水けをきる。ソーセージは1㎝厚さの斜め切りにする。
2 炊飯ジャーに米、凍ったままのミックスベジタブル、カレー粉、塩、こしょうを入れ、水を3の目盛りまで注ぎ、ソーセージを加えてふつうに炊く。炊き上がったら、さっくりとまぜ合わせて10分蒸らす。

ふつうモード

ふつうモード

PART 4 極めたいごはんもの

ふつうモード

ナンプラーを使って
エスニックな味わいに

オイルサーディンの
カレーピラフ

材料(4人分)
米 … 540㎖(3合)
オイルサーディン … 8尾
カレー粉 … 大さじ1
塩、ナンプラー … 各小さじ1
こしょう … 少々
パクチー(ざく切り) … 適量

作り方
1 米は洗って水に30分ほどつけ、ざるに上げて水けをきる。
2 炊飯ジャーに1、カレー粉、ナンプラー、塩、こしょうを入れ、水を3の目盛りまで注ぎ、汁けをきったオイルサーディンを加えてふつうに炊く。
3 オイルサーディンをほぐすようにさっくりとまぜ合わせて10分蒸らし、器に盛ってパクチーをのせる。

独特のうまみがあとを引くおいしさ

納豆じゃこチーズの
カレーピラフ

材料(4人分)
米 … 540㎖(3合)
納豆(たれつき) … 2パック(80g)
ちりめんじゃこ … 20g
カレー粉、粉チーズ … 各大さじ1
塩 … 小さじ1
こしょう … 少々

作り方
1 米は洗って水に30分ほどつけ、ざるに上げて水けをきる。納豆は洗って粘りをとる。
2 炊飯ジャーに1、じゃこ、納豆の添付のたれ、カレー粉、粉チーズ、塩、こしょうを入れ、水を3の目盛りまで注ぎ、ふつうに炊く。炊き上がったら、さっくりとまぜ合わせて10分蒸らす。

火かげんいらずの炊飯器なら失敗なしでとっても簡単
基本のおかゆ

材料(4人分)
米…180㎖(1合)
塩…ひとつまみ
梅干し…4個

作り方
1 米は洗って炊飯ジャーに入れ、水を「おかゆ1」の目盛りまで注いで30分ほどつける。
2 塩を加え、おかゆモードで炊く。
3 まぜて器に盛り、梅干しをのせる。

PART 4 極めたいごはんもの

1
米と水と塩を入れて

おかゆモード ピ！

2
まぜる

大根の葉も加えて彩りと栄養をアップ。塩こぶがマッチ

大根がゆ

おかゆモード

材料(4人分)
米 … 180㎖(1合)
大根 … 200g
大根の葉 … 20g
塩こぶ … 適量

作り方
1 米は洗って炊飯ジャーに入れ、水を「おかゆ1」の目盛りまで注いで30分ほどつける。
2 大根は1㎝角に切り、大根の葉は小口切りにする。
3 1に2の大根を加え、おかゆモードで炊く。
4 大根の葉を加えて3分ほど蒸らし、火を通す。器に盛り、塩こぶを散らす。

干し貝柱のうまみを堪能できる絶品がゆ

中華がゆ

おかゆモード

材料(4人分)
米 … 180㎖(1合)
干し貝柱 … 3個
クコの実 … 大さじ1
きくらげ(乾燥) … 3g
鶏ガラスープのもと
　… 小さじ1
塩 … 小さじ1
ごま油 … 適量
パクチー(ざく切り) … 適量

作り方
1 米は洗って炊飯ジャーに入れ、水を「おかゆ1」の目盛りまで注いで30分ほどつける。
2 干し貝柱、クコの実、きくらげ、鶏ガラスープのもと、塩を加え、おかゆモードで炊く。
3 まぜ合わせて器に盛り、ごま油をたらし、パクチーをのせる。

ウーロン茶の風味でさっぱり食べられる

茶がゆ

おかゆモード

材料(4人分)
米 … 約150㎖
雑穀米 … 大さじ2
　(※米と合わせて
　　180㎖にする)
ウーロン茶葉 … 小さじ1
塩 … 小さじ1

作り方
1 米と雑穀米は合わせて洗って炊飯ジャーに入れ、水を「おかゆ1」の目盛りまで注ぎ、30分ほどつける。
2 ウーロン茶葉、塩を加え、おかゆモードで炊く。

チーズとクリームで濃厚な味わい。早炊きモードでアルデンテに！

ベーコンチーズリゾット

材料（4人分）
米 … 360mℓ（2合）
ベーコン … 2枚
玉ねぎ … ½個
パルメザンチーズ … 50g
生クリーム … 1カップ
A｜白ワイン … 大さじ3
　｜塩、顆粒スープ（コンソメ）
　｜　… 各小さじ1
　｜こしょう … 少々
　｜ローリエ … 1枚
オリーブ油 … 小さじ2
パセリ（みじん切り）… 適量

作り方
1 ベーコンは1cm幅に切る。玉ねぎはみじん切りにする。
2 炊飯ジャーに米、オリーブ油を入れて軽くまぜ、1、Aを加える。水を3の目盛りまで注ぎ、早炊きモードで炊く。
3 チーズ、生クリームを加えてまぜ、器に盛り、パセリを散らす。

PART 4 極めたいごはんもの

1

米、オリーブ油、ベーコン、玉ねぎ、A、水を入れて

早炊きモード ピ!

2

パルメザンチーズ、生クリームを加えまぜる

調理のPOINT

● リゾットは最初に米とオリーブ油をまぜて膜を作ってから、ほかの材料を入れるのがポイント。

調理のPOINT
● レモンを米と一緒に炊くときは、皮から苦みが出てくるので、皮をむいて入れて。

材料(4人分)
米 … 360mℓ（2合）
いか（胴のみ）… 1ぱい
レモン … 1/2個
セロリ … 1本
A｜白ワイン … 大さじ3
　｜塩、顆粒スープ … 各小さじ1
　｜こしょう … 少々
　｜セージ … 4枚
牛乳 … 1カップ
オリーブ油 … 小さじ2

作り方
1 いかは軟骨をとって薄皮をむき、輪切りにする。
2 レモンは皮をすりおろし、白いところを少し残して皮をむき、輪切りにする。セロリは筋をとって茎は薄切りに、葉はあらみじんに切る。
3 炊飯ジャーに米、オリーブ油を入れて軽くまぜ、1、レモンの実、セロリの茎、Aを加える。水を3の目盛りまで注ぎ、早炊きモードで炊く。
4 牛乳、セロリの葉を加えてさっとまぜ、器に盛り、レモンの皮のすりおろしを散らす。

レモンの風味が広がるさわやかな一品

いかのレモンクリームリゾット

米、オリーブ油、いか、レモンの実、セロリの茎とA、水を入れて

早炊きモード

牛乳とセロリの葉を加えてまぜる

PART 4 極めたいごはんもの

材料(4人分)
- 米…360㎖（2合）
- トマト缶…1カップ
- ウインナソーセージ…4本
- ズッキーニ…½本
- 玉ねぎ…¼個
- A
  - オリーブ（黒・輪切り）…30g
  - 白ワイン…大さじ3
  - 塩、顆粒スープ…各小さじ1
  - こしょう…少々
  - タイム…2本
- オリーブ油…小さじ2

作り方
1. ソーセージは斜めに切り目を入れて半分に切る。ズッキーニは1cm角に切り、玉ねぎはみじん切りにする。
2. 炊飯ジャーに米、オリーブ油を入れて軽くまぜ、1、Aを加える。水を3の目盛りまで注ぎ、トマトを加えて早炊きモードで炊く。炊き上がったら、さっとまぜ合わせる。

早炊きモードでほどよいかたさに仕上がる

イタリアントマトリゾット

米、オリーブ油、ソーセージ、野菜、A、水、トマトを入れて

早炊きモード

さっとまぜ合わせる

炊飯器でパラパラチャーハンのでき上がり
いためないチャーハン

材料（4人分）
米…540mℓ（3合）
ハム…2枚
かに風味かまぼこ…4本
ザーサイ（味つき）…20g
ねぎ（青い部分も入れて）…1/2本
A しょうゆ…大さじ1
　鶏ガラスープのもと…小さじ1
　塩…小さじ1/2
　こしょう…少々
　ごま油…小さじ2
卵…2個
いり白ごま…小さじ2
刻みのり…適量

作り方
1 米はさっと洗い、ざるに上げて水けをきる。ハム、かにかま、ザーサイ、ねぎは5mm角に切る。
2 炊飯ジャーに1、Aを入れてまぜる。水を3の目盛りよりもやや少なめに注ぎ、ふつうに炊く。
3 割りほぐした卵、白ごまを加えてまぜ合わせ、3分ほど保温する。器に盛り、刻みのりを散らす。

PART 4 極めたいごはんもの

1

1、A、水を入れてまぜて

ふつうモード ピ！

2

とき卵、ごまを加えてまぜ合わせる

調理のPOINT

●炊き上がった段階でとき卵を加え、保温して半熟に火を通せばフワフワ卵に。

3

完成！

あずきの下ゆでも炊飯器におまかせ！
赤飯

材料(4人分)
もち米…540ml（3合）
あずき…100g
ごま塩…適量

作り方
1 もち米は洗って水に30分ほどつけ、ざるに上げて水けをきる。
2 あずきは洗い、炊飯ジャーに入れて2の目盛りまで水を注ぎ、ふつうに炊く。
3 あずきとゆで汁に分けてあら熱をとる。
4 炊飯ジャーに1を入れ、2のゆで汁を「おこわ3」の目盛りまで注ぎ（足りない場合は水を足す）、2のあずきをのせておこわモードで炊く。
5 さっくりとまぜ合わせて10分蒸らし、器に盛ってごま塩を振る。

あずきをゆでる

あずきと水を入れて → ふつうモード ピ！ → あずきとゆで汁に分ける

調理のPOINT

● あずきのゆで汁は、赤飯に色をつけてくれるので、捨てずに必ずとっておいて。

赤飯を炊く

もち米にあずきのゆで汁を注ぎ、ゆであずきをのせて → おこわモード ピ！ → さっくりとまぜ合わせる

PART 4　極めたいごはんもの

食材を入れて炊飯器まかせで、もちもちおいしい梅とこぶ、じゃこのうまみおこわに

梅じゃこおこわ

材料(4人分)
もち米 … 540㎖（3合）
梅干し … 3個
ちりめんじゃこ … 20g
刻みこぶ（乾燥）… 10g
青じそ（せん切り）… 5枚分
いり白ごま … 大さじ1

作り方
1 もち米は洗って水に30分ほどつけ、ざるに上げて水けをきる。
2 炊飯ジャーに1、梅干し、刻みこぶ、じゃこを入れる。水を「おこわ3」の目盛りまで注ぎ、おこわモードで炊く。
3 梅干しをとり出し、種をとって戻し入れる。青じそ、白ごまを加えて梅をつぶすようにまぜ合わせ、10分蒸らす。

PART 4 極めたいごはんもの

1 もち米、梅干し、刻みこぶ、じゃこ、水を入れて

おこわモード ピ!

2 梅干しの種をとって戻し、青じそとごまを加えてまぜ合わせる

食材MEMO

刻みこぶ
干したこぶを細く刻んだもの。煮物やあえ物、いため物などに使っても。

香りごはんカタログ ①

和風や中華風のおかずと合わせたい香りごはんをご紹介します。

ほうじ茶の香ばしさが和食に合う
茶めし

材料
米…180ml（1合）
ほうじ茶…小さじ1

作り方
1 ほうじ茶はお茶パックなどに入れる。
2 炊飯ジャーに米、1を入れ、水を1の目盛りまで注いでふつうに炊く。

甘辛い料理に合う、香り豊かなごはん
実ざんしょうごはん

材料
米…180ml（1合）
実ざんしょう（水煮）…小さじ1

作り方
炊飯ジャーに米、実ざんしょうを入れ、水を1の目盛りまで注いでふつうに炊く。

ほのかに香る甘い香りが中華料理にマッチ
八角ごはん

材料
米…180ml（1合）
八角…1個

作り方
炊飯ジャーに米、八角を入れ、水を1の目盛りまで注いでふつうに炊く。

PART5
とろとろ
スープ&シチュー

スープやシチューも、炊飯器があればじっくり煮込んだようなおいしさに。いためたり火かげんをみたりといった手間なしでOK。冷凍ごはんやパンがあるときにおすすめ。

ビーツを使って本格的！ロシアの定番料理
ボルシチ

材料(4人分)
牛バラかたまり肉…400g
塩、こしょう…各少々
にんにく…1かけ
ローリエ…1枚
キャベツ…100g
にんじん…小1本（100g）
ビーツ…100g
　（生でも缶詰やパウチなど
　　の下ゆでずみでもOK）
玉ねぎ…¼個

A｜顆粒スープ
　　…小さじ1
　トマトケチャップ
　　…小さじ2
　塩…小さじ1
　こしょう…少々
ディル…適量
サワークリーム…適量

作り方
1 牛肉は大きめの一口大に切り、塩、こしょうを振る。炊飯ジャーに入れ、つぶしたにんにく、ローリエを加え、水を2の目盛りまで注ぎ、早炊きモードで炊く。
2 キャベツ、にんじん、ビーツは細切りにする。玉ねぎは薄切りにする。
3 1が炊けたら炊飯釜を炊飯器からとり出し、2、Aを加え、水を4の目盛りまで注ぐ。
4 炊飯器が冷めたら3を戻し、早炊きモードで炊く。
5 器に盛り、刻んだディルを散らし、サワークリームを添える。

PART 5 スープ&シチュー

1. 牛肉、にんにく、ローリエ、水を入れて

早炊きモード ピ!

2. 野菜、A、水を加えて

早炊きモード

3. 完成!

食材MEMO

ビーツ
赤い色が特徴的で甘みのある野菜。「食べる輸血」と言われるほど栄養豊富。

数種類のスパイスを使って深い味わいに！
バターチキンカレー

材料(4人分)
鶏もも骨つき肉（ぶつ切り）…400g
A | パプリカパウダー…小さじ½
　| コリアンダー…小さじ½
　| ターメリック…小さじ½
　| チリパウダー…小さじ½
　| クミンシード…小さじ½
　| ガラムマサラ…小さじ½
B | プレーンヨーグルト…½カップ
　| 玉ねぎ（すりおろす）…1個分
　| にんにく（すりおろす）…1かけ分
　| しょうが（すりおろす）…1かけ分
　| トマト缶…1カップ
バター…40g
生クリーム…½カップ
カレールウ…50g
塩、こしょう…各適量

作り方
1. 炊飯ジャーに鶏肉を入れ、塩小さじ½、こしょう少々を振り、Aを加えてまぜ合わせる。さらにBを加えてさっとまぜたら、30分ほどおく。
2. 1をふつうに炊く。
3. バター、生クリーム、刻んだカレールウを加えまぜ、味をみて、塩、こしょうでととのえる。保温モードで10分ほど味がなじむまでおく。
4. 器に盛り、好みでナンやライスを添える。

PART 5 スープ&シチュー

1 鶏肉、塩、こしょう、A、Bを入れて30分おいて

ふつうモード ピ!

2 そのほかの材料を加えて10分おいて

保温モード ピ!

昔なつかしい王道カレー。ごろごろの牛肉を楽しんで♪
家庭のビーフカレー

材料(6〜8人分)
牛バラかたまり肉 … 300g
玉ねぎ … 1個
にんじん … 小さめ1本
じゃがいも … 2個
カレールウ … 8皿分（約120g）
あたたかいごはん … 適量

作り方
1 牛肉は一口大に切り、玉ねぎはくし形、にんじん、じゃがいもは乱切りにする。
2 炊飯ジャーに1を入れ、水を5の目盛りまで注ぎ、ふつうに炊く。
3 刻んだカレールウを加えてとかし、ふつうモードでさらに10分炊く。
4 器にごはんとともに盛りつける。

魚介、肉、野菜、とうふが入った、うまみの強い韓国のおかずスープ
スンドゥブチゲ

材料(4人分)
木綿どうふ … ½丁
あさり（砂出しずみ）… 200g
えび … 4尾
豚バラ薄切り肉 … 100g
ねぎ … 1本
にら … ½束（50g）
白菜キムチ … 150g
にんにく … 1かけ
卵 … 4個
A｜粉とうがらし … 小さじ½
　｜塩、しょうゆ … 各小さじ1

作り方
1 あさりはよく洗う。えびは背わたをとる。とうふは水けをきり、食べやすく手でくずす。豚肉は3cm幅に切る。ねぎは斜め切り、にらはざく切り、にんにくは薄切りにする。
2 炊飯ジャーに1、キムチ、Aを入れ、水を5の目盛りまで注ぎ、早炊きモードで炊く。
3 卵を割り落とし、2分ほど保温する。好みでごはんを添える。

PART 5 スープ&シチュー

魚介、とうふ、
豚肉、野菜、キムチ、
A、水を入れて

1

早炊き
モード ピ!

2

卵を人数分
割り落とす

保温
モード ピ!

完成!

3

調理のPOINT

- 魚介やとうふは火が通りやすいので、早炊きモードで炊く。
- 卵は炊いてから落とし、2分ほど保温して火を通せば半熟状に。

いためるステップなし！根菜がたっぷり入って食べごたえバッチリ

一発豚汁

材料(4人分)
豚バラ薄切り肉 … 200g
大根 … 100g
にんじん … 1/2本
ごぼう … 1/2本
ねぎ … 1/2本
里いも … 4個（200g）
油揚げ … 1枚
だし … 適量
酒、しょうゆ … 各大さじ1
みそ … 大さじ4
ごま油 … 小さじ1

作り方
1 大根、にんじんはいちょう切り（または半月切り）、ごぼう、ねぎは斜め切りにし、ごぼうは水にひたす。里いもは一口大に切る。油揚げは短い辺を半分に切ってから1cm幅に切る。豚肉は3cm幅に切る。
2 炊飯ジャーに1、酒、しょうゆを入れ、だしを5の目盛りまで注ぎ、早炊きモードで炊く。
3 みそをとき、ごま油を回し入れる。器に盛り、好みで一味とうがらしを振る。

PART 5 スープ&シチュー

1

野菜、油揚げ、豚肉、酒、しょうゆ、だしを入れる

みそをとき、ごま油を回し入れる

早炊きモード　ピ！

2

3

完成！

調理のPOINT

● 仕上げにごま油を加えると、コクと香りが増しておいしい！

生クリームとバターでまろやかな味わい

きのことチキンのクリームシチュー

材料(4人分)
しいたけ … 4個
しめじ … ½パック
エリンギ … 1本
鶏もも肉 … 2枚
ねぎ … 1本
A ｜ 白ワイン … ½カップ
　｜ 塩、顆粒スープ … 各小さじ1
　｜ こしょう … 少々
　｜ ローリエ … 1枚
バター … 20g
生クリーム … 1カップ
小麦粉 … 大さじ2
塩、こしょう … 各少々

作り方
1 しいたけは石づきを除いて半分に切り、しめじは根元を切り落としてほぐす。エリンギ、ねぎは乱切りにする。鶏肉は一口大に切り、塩、こしょうを振る。
2 炊飯ジャーに1、Aを入れる。水を5の目盛りまで注ぎ、早炊きモードで炊く。
3 バター、生クリームを加え、小麦粉を茶こしでふるいながら加えてとろみをつけ、10分保温する。

PART 5 スープ&シチュー

きのこ、ねぎ、鶏肉、A、水を入れて

早炊きモード ピ！

1

2

バター、生クリーム、小麦粉を加えて

調理のPOINT

● 茶こしで小麦粉を少しずつふるい、まぜながら加えると、ダマになりにくい。

保温モード ピ！

完成！

3

香りごはんカタログ ②

スパイシーなカレーや肉料理に添えるとグンとおいしく！

カレーに合わせるのがおすすめ！
サフランライス

材料
米…180㎖（1合）
サフラン…ひとつまみ

作り方
1 サフランは水1カップでもどして色を出す。
2 炊飯ジャーに米、1を入れ、ふつうに炊く。

カレーやエスニック料理にどうぞ♪
クミンライス

材料
米…180㎖（1合）
クミンシード…小さじ1/2
バター…5g

作り方
炊飯ジャーに米、クミンシード、バターを入れ、水を1の目盛りまで注いでふつうに炊く。

ローストビーフやスペアリブなどの肉料理に
ガーリックバターライス

材料
米…180㎖（1合）
乾燥ガーリック…小さじ1
バター…5g

作り方
1 乾燥ガーリックは砕く。
2 炊飯ジャーに米、1、バターを入れ、水を1の目盛りまで注いでふつうに炊く。

PART6
幸せパン&スイーツ

オーブンやなべで作る、手の込んだパン&スイーツも、炊飯器なら手順が最小！ お子さまやご年配のかたにも楽しんでもらえる、目からウロコのレシピをご紹介します。

ざっくりまぜて、両面焼くだけ。サクサクの食感がたまらない！

スコーン

材料（作りやすい分量・8個分）

A │ 薄力粉 … 250g
　│ ベーキングパウダー … 大さじ1
　│ グラニュー糖 … 小さじ2

バター（1cm角）… 50g

B │ 卵 … 1個
　│ プレーンヨーグルト … 50g
　│ 牛乳 … 1/4カップ

ジャム、ホイップクリームなど … 各適量

作り方

1. ボウルに**A**を入れてまぜ、バターを加える。バターを指ですりつぶすようにしながら粉とまぜ合わせる。
2. 合わせた**B**を加え、粉っぽさがなくなるまでざっくりとまぜ合わせる。
3. 炊飯ジャーに**2**を入れて広げる。8等分に切り込みを入れ、ふつうに炊く。
4. 返してさらに早炊きモードで炊く。
5. 切れ込みに沿って割り、器に盛る。ジャムやホイップクリームなどを添える。

PART 6 パン&スイーツ

1

スコーン生地を広げ入れ、8等分に切り込みを入れて

ふつうモード ピ!

調理のPOINT

● バターと粉は、指ですりつぶしながらポロポロになるまでまぜ合わせる。

上下を返す

2

早炊きモード ピ!

3

完成!

ホームベーカリーのようにも変身！発酵も炊飯器を使えば簡単♪
ちぎりパン

材料（作りやすい分量・8個分）
A│強力粉…200g
　│砂糖…大さじ1
　│塩、ドライイースト
　│　…各小さじ1
牛乳…½カップ
卵（室温にもどす）…1個
バター…20g

作り方
1 ボウルにAを入れてよくまぜ、人肌（40度）程度にあたためた牛乳と卵を加え、手でこねてまとめる。
2 バターをちぎって加え、ある程度まとまってきたら台に移し、よくこねる。
＊はじめのうちは台にくっつきやすいので、スケッパーなどを使うとやりやすい。それでもまとまりにくいときは、打ち粉をして調整する。10分ほどこねると、表面がなめらかになってまとまってくる。
3 ひとまとめにして炊飯ジャーに入れ、10分保温したらスイッチを切り、そのまま30分おいて一次発酵させる。
4 生地が発酵して2倍程度にふくらんだら、中心を押して空気を抜き、台に移して打ち粉をしながら8等分して丸める。
5 再び炊飯ジャーに並べて10分保温し、スイッチを切ってそのまま20分放置して二次発酵させ、ふつうに炊く。

一次発酵

\ 生地を入れる /   \ 一次発酵完了！ /

10分 ➡ スイッチを切って **30分**放置

保温モード ピ！

二次発酵&焼く

\ ガス抜きをして8等分して丸め、炊飯器に並べる /   \ 二次発酵完了！ /

10分 ➡ スイッチを切って **20分**放置

保温モード ピ！

ふつうモード ピ！

⬇

完成！

調理のPOINT

● 同じ生地で、ウインナソーセージを巻いておかずパンなどにアレンジしてもOK。

PART 6 パン&スイーツ

もっちりとした食感がくせになる。子どもも大人も楽しめる、やさしい軽食
黒糖バナナ蒸しパン

材料(4人分)
A ｜ 薄力粉 … 250g
　｜ ベーキングパウダー … 小さじ1
B ｜ 卵（室温にもどす）… 1個
　｜ 牛乳（室温にもどす）… ½カップ
　｜ 黒糖 … 大さじ3
　｜ サラダ油 … 大さじ1
バナナ … 1本
ピザ用チーズ … 50g

作り方
1 ボウルにAを入れ、Bを加えてまぜ合わせ、つぶしたバナナ、チーズを加えてまぜる。
2 炊飯ジャーに1を入れ、ふつうに炊く。

PART 6 パン&スイーツ

1 生地を流し入れて

ふつうモード ピ!

2 完成!

食材MEMO

黒糖
さとうきびのしぼり汁を煮詰めて作った砂糖で、独特の甘みと風味、コクがある。

ホットケーキミックスで手軽に作れる
キャロットケーキ

材料(作りやすい分量)
ホットケーキミックス
　…200g
にんじん…1本(150g)
くるみ…50g
レーズン…50g
卵…1個
シナモンパウダー
　…10振り
はちみつ…大さじ3
牛乳…¼カップ
オリーブ油…大さじ3

＊チーズクリーム
クリームチーズ…50g
レモン汁…小さじ1
粉糖…25g

作り方
1 にんじんはすりおろし、くるみはあらく砕く。
2 炊飯ジャーにホットケーキミックス、1、チーズクリーム以外の残りの材料を入れてよくまぜ合わせ、ふつうモードで炊く。
3 炊き上がったら、様子をみて、まだ焼けていなかったらもう一度ふつうモードで炊く。内がまをとり出して冷ます。冷めたら内がまからケーキをとり出す。
4 クリームチーズは常温に戻し、レモン汁、粉糖を加えてまぜ合わせ、3にのせて塗り広げる。

PART 6 パン&スイーツ

1 チーズクリーム以外の材料を入れてまぜて

ふつうモード ピ！

2 冷まして、チーズクリームを塗る

食材MEMO

ホットケーキミックス
小麦粉や砂糖、ベーキングパウダーなどを調合したもの。ホットケーキ以外の料理にも使える。

もちっとした食感とチーズがやみつきになる！
ポンデケージョ

材料（作りやすい分量）
もち粉…100g
ベーキングパウダー
　…小さじ1.5
牛乳…大さじ3
卵…1個
オリーブ油…小さじ1
塩…少々
粉チーズ…小さじ1
ピザ用チーズ…30g
いり黒ごま…小さじ2

作り方
1 ボウルにもち粉、ベーキングパウダーを入れてまぜ合わせ、牛乳、卵を加えてよくまぜる。さらにオリーブ油、塩、粉チーズを加え、こね合わせる。
2 ピザ用チーズ、黒ごまを加えてまぜ合わせたら、8等分に丸める。炊飯ジャーに並べ入れ、ラップをかけて30分ほどおく。
3 ラップをはずしてふつうに炊く。

PART 6 パン&スイーツ

まぜて丸めて、30分おいて

1

ふつうモード ピ!

2

完成!

食材MEMO

もち粉
もち米が原料の粉。和菓子などによく使用され、その仕上がりはもちもちとした食感になるのが特徴。

コトコト煮込む手間なし。シナモンは好みでOK
りんごの白ワインコンポート

材料(4人分)
りんご … 2個
バター … 10g
A　白ワイン … 大さじ5
　　レモン汁 … 大さじ1
　　グラニュー糖 … 大さじ2
　　シナモンパウダー … 小さじ1/3
ミントの葉 … 適量

作り方
1 りんごは皮をむいてくし形に切る。
2 炊飯ジャーの底にバターをちぎって散らし、1を入れる。
3 Aを振りかけ、ふつうに炊く。
4 器に盛り、ミントの葉を添える。

PART 6 パン&スイーツ

1 バターを散らし、りんごを並べてAを振り入れて

ふつうモード ピ！

2 完成！

調理のPOINT

● アイスクリームやケーキに添えたり、アップルパイにアレンジしたりして食べるのもおすすめ。

目からウロコ！紙コップで作れる、なめらかプリン
なめらかミルクプリン

材料(4人分)
卵 … 2個
牛乳 … 1カップ
グラニュー糖 … 大さじ2
バニラエッセンス … 適量
カラメルシロップ
　（またはメープルシロップ）
　… 適量

作り方
1. ボウルに卵、牛乳、グラニュー糖、バニラエッセンスを入れて泡立て器でよくまぜ合わせ、裏ごしして紙コップに入れる。
2. 炊飯ジャーにふきんを敷き、水を1.5の目盛りあたりまで注ぐ。1を並べ、ふつうモードで20～25分炊く。
3. 炊飯ジャーの中から少しフツフツというような音がしてきたら、保温モードにして10～15分おく。竹ぐしなどを刺して卵液が出てこない程度にしっかりと固まったら、冷蔵庫で冷やす。
4. 紙コップからとり出し、カラメルシロップをかける。

PART 6 パン&スイーツ

ふきんを敷いて水を注ぎ、紙コップごと並べて

1

ふつうモード ピ!

フツフツと音がしてきたら

2

保温モード ピ!

調理のPOINT

● ふきんを敷くことで、紙コップが安定する。また、火が通りすぎてすが立つのも防げる。

固まったら冷蔵庫で冷やして、完成!

砂糖なしで麹の自然の甘さがおいしいヘルシースイーツ
発酵あんこ玉

材料(作りやすい分量)
あずき…150g
米麹…150g
すり黒ごま…大さじ4

作り方
1 あずきはさっと洗って炊飯ジャーに入れ、水を2の目盛りまで注ぎ、玄米モードで炊く。
2 炊き上がったら1の水けをきり、炊飯ジャーに戻し入れ、常温の水¾mlを加える(温度計があれば60度くらいになっていることを確認)。さらにほぐした米麹を加え、まぜ合わせる。
3 ぬれぶきんをかぶせ、ふたをあけたまま保温モードで8時間ほど発酵させる。途中、ふきんが乾いたらぬらし、あんこの水分が蒸発したら水を足す(3回ほどくり返す)。
4 発酵が終わり、丸めやすい粘度になったら、一口大に丸め、黒ごまをまぶす。

PART 6 パン&スイーツ

1 あずき、水を入れて

玄米モード ピ！

2 あずきの水けをきってから、水、米麹を加えて

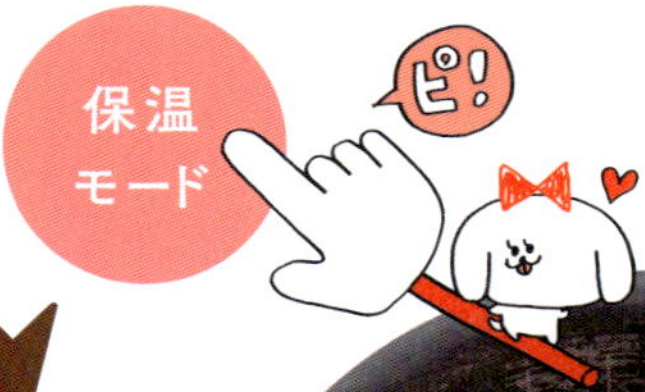

保温モード ピ！

調理のPOINT

ふたをすると温度が高くなり発酵が進まないので、あけたままぬれぶきんをかぶせる。ふきんが乾いたらぬらして。

3 丸めて、すり黒ごまをまぶす

187

ほんのり甘いベトナム風スイーツ。おもちとの相性は最高
緑豆ココナッツもち汁粉

材料(4人分)
緑豆（乾燥）… 100g
ココナッツミルク … 2カップ
砂糖 … 80g
切りもち … 2〜4個
クコの実 … 大さじ1

作り方
1 緑豆は洗い、水に一晩ひたす。
2 炊飯ジャーに水けをきった1を入れ、3の目盛りまで水を注ぎ、ふつうに炊く。
3 炊き上がったら水けをきり、炊飯ジャーに戻し入れる。ココナッツミルク、砂糖、半分に切ったもち、クコの実を加えてふつうモードでさらに10分炊く。

PART
6
パン&スイーツ

緑豆、水を入れて

ふつうモード ピ!

1

水けをきって戻し入れ、残りの材料を加えて

2

ふつうモード

3

完成!

INDEX

【肉】
牛肉
- ローストビーフ ——— 20
- チャプチェ ——— 38
- ビーフストロガノフ ——— 46
- 炊き込みビビンパ ——— 50
- クッパ ——— 64
- ビーフシチュー ——— 66
- やわらか牛すじ煮込み ——74
- 肉じゃが ——— 100
- ボルシチ ——— 158
- 家庭のビーフカレー ——162

豚肉
- 紅茶煮豚 ——— 24
- スペアリブの
  マーマレード煮 ——— 34
- パッタイ ——— 68
- とろふわ豚の角煮 ——— 80
- 豚バラのたけのこ
  ごはん ——— 116
- じゅーしー ——— 126
- スンドゥブチゲ ——— 164
- 一発豚汁 ——— 166

鶏肉
- カオマンガイ ——— 22
- しっとり鶏ハム ——— 26
- ビリヤニ ——— 48
- タンドーリ風チキン
  ジャンバラヤ ——— 52
- 炊き込みチキンで
  オムライス ——— 54
- サムゲタン ——— 62
- 手羽先と大根の
  中華風煮込み ——— 84
- 鶏五目ごはん ——— 128
- バターチキンカレー ——160
- きのことチキンのクリーム
  シチュー ——— 168

ひき肉
- えびだんごのもち米
  シュウマイ ——— 30
- ゆでないパスタ
  ボロネーゼ ——— 42
- タコライス ——— 58
- ロールキャベツ ——— 72
- 北欧風白いミートボール —78
- 煮込みハンバーグ ——— 82
- 大きなミートローフ ——— 86
- チリビーンズ ——— 104

ラム肉
- ラムとプルーンの
  赤ワイン煮 ——— 76

肉加工品
- 炊き込みシーフード
  ピラフ ——— 32
- 中華おこわ ——— 36
- ポトフ ——— 40
- タンドーリ風チキン
  ジャンバラヤ ——— 52
- パエリア ——— 56
- ロールキャベツ ——— 72
- 大きなミートローフ ——— 86
- カスレ ——— 108
- ベーコンとポテトの
  炊き込みピラフ ——124
- ミートボールとかぼちゃの
  トマトピラフ ——— 131
- なめたけベーコンピラフ
  ——— 136
- ごぼうとサラミの
  カレーピラフ ——— 139
- ソーセージベジタブル
  カレーピラフ ——— 140
- ベーコンチーズリゾット
  ——— 146
- イタリアントマトリゾット
  ——— 149
- いためない
  チャーハン ——— 150

【魚介・魚介加工品・海藻】
あさり
- パエリア ——— 56
- アクアパッツァ ——— 90
- ブイヤベース ——— 98
- スンドゥブチゲ ——— 164

いか
- いかめし ——— 60
- ブイヤベース ——— 98
- いかのレモンクリーム
  リゾット ——— 148

えび・干しえび
- えびだんごのもち米
  シュウマイ ——— 30
- 中華おこわ ——— 36
- パエリア ——— 56
- パッタイ ——— 68
- トムヤムクン ——— 92
- ブイヤベース ——— 98
- スンドゥブチゲ ——— 164

オイルサーディン
- オイルサーディンのカレー
  ピラフ ——— 141

カキ
- カキごはん ——— 120

かに風味かまぼこ
- いためない
  チャーハン ——— 150

鮭・サーモン
- 鮭とズッキーニの
  トマトピラフ ——— 131

- スモークサーモンと
  オリーブのピラフ –137

さつま揚げ
- じんわりおでん ——— 106

さば
- さばみそ煮 ——— 94

さんま
- さんまの炊き込みごはん
  ——— 129

シーフードミックス
- 炊き込みシーフード
  ピラフ ——— 32

白身魚
- アクアパッツァ ——— 90

たい
- あら煮 ——— 96
- たいめし ——— 122

たこ
- たことしょうがのごはん
  ——— 127

ちりめんじゃこ
- 納豆じゃこチーズの
  カレーピラフ ——— 141
- 梅じゃこおこわ ——— 154

ツナ缶
- ツナトマトピラフ —— 132

ぶり
- 味しみぶり大根 ——— 88

ほたて・貝柱
- ほたてとアスパラの
  塩バターピラフ ——123
- 中華がゆ ——— 145

【卵・乳製品】
卵
- 炊き込みビビンパ ——— 50
- 炊き込みチキンで
  オムライス ——— 54
- ロールキャベツ ——— 72
- 北欧風白い
  ミートボール ——— 78
- 煮込みハンバーグ ——— 82
- 大きなミートローフ ——— 86
- いためない
  チャーハン ——— 150
- スンドゥブチゲ ——— 164
- スコーン ——— 172
- ちぎりパン ——— 174
- 黒糖バナナ蒸しパン –176
- キャロットケーキ ——— 178
- ポンデケージョ ——— 180
- なめらかミルク
  プリン ——— 184

牛乳
- 煮込みハンバーグ ——— 82
- いかのレモンクリーム
  リゾット ——— 148
- スコーン ——— 172
- ちぎりパン ——— 174

- 黒糖バナナ蒸しパン –176
- キャロットケーキ ——— 178
- ポンデケージョ ——— 180
- なめらかミルク
  プリン ——— 184

チーズ
- タコライス ——— 58
- 北欧風白い
  ミートボール ——— 78
- 納豆じゃこチーズの
  カレーピラフ ——— 141
- ベーコンチーズリゾット
  ——— 146
- 黒糖バナナ蒸しパン –176
- キャロットケーキ ——— 178
- ポンデケージョ ——— 180

生クリーム・サワークリーム
- ビーフストロガノフ ——46
- ベーコンチーズリゾット
  ——— 146
- バターチキンカレー ——160
- きのことチキンの
  クリームシチュー
  ——— 168

ヨーグルト
- ビリヤニ ——— 48
- バターチキンカレー ——160
- スコーン ——— 172

【豆類・大豆加工品】
豆類
- チリビーンズ ——— 104
- カスレ ——— 108
- レンズ豆のピラフ ——— 135
- 赤飯 ——— 152
- 発酵あんこ玉 ——— 186
- 緑豆ココナッツ
  もち汁粉 ——— 188

油揚げ
- じんわりおでん ——— 106
- 鶏五目ごはん ——— 128
- 一発豚汁 ——— 166

とうふ
- やわらか牛すじ煮込み —74
- スンドゥブチゲ ——— 164

納豆
- 納豆じゃこチーズの
  カレーピラフ ——— 141

【野菜・いも・きのこ】
青じそ
- 梅じゃこおこわ ——— 154

かぼちゃ
- かぼちゃの煮物 ——— 110
- ミートボールとかぼちゃの
  トマトピラフ ——— 131

キャベツ
- ポトフ ——— 40
- ロールキャベツ ——— 72
- ボルシチ ——— 158

190

グリーンアスパラガス
大きなミートローフ —— 86
ほたてとアスパラの塩バター
　ピラフ —————— 123
グリーンピース
グリーンピースごはん
　———————————— 114
ごぼう
いかめし ——————— 60
鶏五目ごはん ———— 128
ごぼうとサラミの
　カレーピラフ ——— 139
一発豚汁 —————— 166
さつまいも
さつまいもごはん —— 125
里いも
一発豚汁 —————— 166
じゃがいも
肉じゃが —————— 100
ベーコンとポテトの
　炊き込みピラフ —— 124
家庭のビーフカレー – 162
ズッキーニ
ラタトゥイユ ———— 102
鮭とズッキーニの
　トマトピラフ ——— 131
イタリアントマトリゾット
　———————————— 149
セロリ
ラムとプルーンの
　赤ワイン煮 ————— 76
カスレ ——————— 108
いかのレモンクリーム
　リゾット —————— 148
大根
手羽先と大根の
　中華風煮込み ———— 84
味しみぶり大根 ——— 88
じんわりおでん ——— 106
大根がゆ —————— 145
一発豚汁 —————— 166
たけのこ
トムヤムクン ———— 92
豚バラのたけのこ
　ごはん —————— 116
玉ねぎ
ローストビーフ ——— 20
スペアリブの
　マーマレード煮 —— 34
炊き込みシーフード
　ピラフ ——————— 32
ポトフ ———————— 40
ゆでないパスタ
　ボロネーゼ ————— 42
ビーフストロガノフ — 46
タンドーリ風チキン
　ジャンバラヤ ———— 52

炊き込みチキンで
　オムライス ————— 54
パエリア ——————— 56
タコライス —————— 58
ビーフシチュー ——— 66
ロールキャベツ ——— 72
ラムとプルーンの
　赤ワイン煮 ————— 76
北欧風白い
　ミートボール ———— 78
煮込みハンバーグ —— 82
大きなミートローフ — 86
ブイヤベース ———— 98
肉じゃが —————— 100
チリビーンズ ———— 104
カスレ ——————— 108
レンズ豆のピラフ — 134
スモークサーモンと
　オリーブのピラフ – 137
ボルシチ —————— 158
バターチキンカレー – 160
家庭のビーフカレー – 162
とうもろこし
とうもろこしごはん — 28
トマト
タンドーリ風チキン
　ジャンバラヤ ———— 52
炊き込みチキンで
　オムライス ————— 54
ロールキャベツ ——— 72
アクアパッツァ ——— 90
トムヤムクン ———— 92
鮭とズッキーニの
　トマトピラフ ——— 131
ミートボールとかぼちゃの
　トマトピラフ ——— 131
トマトとルッコラのピラフ
　———————————— 132
ツナトマトピラフ — 132
なす
ラタトゥイユ ———— 102
なすの煮物 ————— 110
にら
チャプチェ —————— 38
クッパ ———————— 64
パッタイ ——————— 68
スンドゥブチゲ —— 164
にんじん
チャプチェ —————— 38
ポトフ ———————— 40
炊き込みビビンバ —— 50
クッパ ———————— 64
カスレ ——————— 108
じゅーしー ————— 126
鶏五目ごはん ———— 128
キャロットピラフ — 137
ボルシチ —————— 158
家庭のビーフカレー – 162

一発豚汁 —————— 166
キャロットケーキ — 178
ねぎ・わけぎ
えびだんごのもち米
　シュウマイ ————— 30
中華おこわ —————— 36
チャプチェ —————— 38
手羽先と大根の
　中華風煮込み ———— 84
ラタトゥイユ ———— 102
いためない
　チャーハン ———— 150
スンドゥブチゲ —— 164
一発豚汁 —————— 166
きのことチキンのクリーム
　シチュー —————— 168
パプリカ・ピーマン
タンドーリ風チキン
　ジャンバラヤ ———— 52
パエリア ——————— 56
ラタトゥイユ ———— 102
ビーツ
ボルシチ —————— 158
ほうれんそう
炊き込みビビンバ —— 50
ミックスベジタブル
ソーセージベジタブル
　カレーピラフ ——— 140
もやし
炊き込みビビンバ —— 50
クッパ ———————— 64
パッタイ ——————— 68
ルッコラ
トマトとルッコラのピラフ
　———————————— 132
きのこ
中華おこわ —————— 36
炊き込みシーフード
　ピラフ ——————— 32
チャプチェ —————— 38
ビーフストロガノフ — 46
タンドーリ風チキン
　ジャンバラヤ ———— 52
クッパ ———————— 64
ビーフシチュー ——— 66
北欧風白い
　ミートボール ———— 78
煮込みハンバーグ —— 82
トムヤムクン ———— 92
ラタトゥイユ ———— 102
じゅーしー ————— 126
鶏五目ごはん ———— 128
なめたけベーコンピラフ
　———————————— 136
中華がゆ —————— 144
きのことチキンのクリーム
　シチュー　———— 168

【果物】
バナナ
黒糖バナナ蒸しパン – 176
プルーン
ラムとプルーンの
　赤ワイン煮 ————— 76
りんご
りんごの白ワイン
　コンポート ———— 182
レーズン
キャロットケーキ — 180
レモン
いかのレモンクリーム
　リゾット —————— 148
【その他】
梅干し
梅じゃこおこわ —— 154
オリーブ
スモークサーモンと
　オリーブのピラフ – 137
韓国はるさめ
チャプチェ —————— 38
ぎんなん
中華おこわ —————— 36
サムゲタン —————— 62
栗
栗ごはん —————— 118
くるみ
キャロットケーキ — 178
こんにゃく・しらたき
やわらか牛すじ
　煮込み ——————— 74
肉じゃが —————— 100
じんわりおでん —— 106
ザーサイ
いためない
　チャーハン ———— 150
トマト缶・トマトピュレ
ゆでないパスタ
　ボロネーゼ ————— 42
ビーフストロガノフ — 46
タコライス —————— 58
ビーフシチュー ——— 66
ラムとプルーンの
　赤ワイン煮 ————— 76
煮込みハンバーグ —— 82
ブイヤベース ———— 98
ラタトゥイユ ———— 102
チリビーンズ ———— 104
イタリアントマトリゾット
　———————————— 149
バターチキンカレー – 160
ぜんまい
炊き込みビビンバ —— 50
白菜キムチ
スンドゥブチゲ —— 164

STAFF

ブックデザイン／細山田光宣＋柏倉美地（細山田デザイン事務所）
イラスト／パントビスコ
撮影／白根正治
スタイリング／坂上嘉代　二野宮友紀子
調理アシスタント／上田浩子　高橋佳子
取材・編集協力／丸山みき（SORA企画）
編集アシスタント／岩本明子（SORA企画）　柿本ちひろ
編集／中野桜子
編集デスク／山口香織（主婦の友社）
撮影協力／
タイガー魔法瓶株式会社

この本のレシピは、タイガーIH炊飯ジャー〈炊きたて〉5.5合炊きの【JPE-A101K】を使用して作りました。商品についてのお問い合わせは、タイガー魔法瓶　お客様ご相談窓口0570-011101、https://www.tiger.jpまで。

※レシピに関するお問い合わせは編集部まで。

UTUWA
TEL：03-6447-0070

料理
牛尾理恵（うしおりえ）

料理研究家。東京農業大学短期大学を卒業後、栄養士として病院での食事指導に携わる。食品・料理の制作会社を経て、料理研究家として独立。作りおきや糖質オフのおいしいおかずが好評。家庭のおかず、圧力なべレシピから愛犬のためのごはんまで、得意ジャンルは幅広い。手間は最小限でおいしく、忙しい人でも無理なく作れる、おしゃれでバランスのよい料理に定評がある。著書は『喜ばれるおせち料理とごちそうレシピ』（朝日新聞出版）、『がんばらなくてもできちゃう！基本のおかず100（実践No.1シリーズ）』（主婦の友社）、など多数。

ぜ〜んぶ入れてスイッチ「ピ！」
炊飯器で魔法のレシピ100

2019年8月20日　第1刷発行
2024年11月10日　第15刷発行

著　者　牛尾理恵
発行者　大宮敏靖
発行所　株式会社主婦の友社
　　　　〒141-0021
　　　　東京都品川区上大崎3-1-1目黒セントラルスクエア
　　　　電話03-5280-7537（内容・不良品等のお問い合わせ）049-259-1236（販売）
印刷所　大日本印刷株式会社

■本のご注文は、お近くの書店または主婦の友社コールセンター（電話0120-916-892）まで。
＊お問い合わせ受付時間　月〜金（祝日を除く）10：00〜16：00
＊個人のお客さまからのよくある質問のご案内https://shufunotomo.co.jp/faq/
Ⓒ Rie Ushio 2019　Printed in Japan
ISBN978-4-07-439262-9

Ⓡ〈日本複製権センター委託出版物〉本書を無断で複写複製（電子化を含む）することは、著作権法上の例外を除き、禁じられています。本書をコピーされる場合は、事前に公益社団法人日本複製権センター（JRRC）の許諾を受けてください。また、本書を代行業者等の第三者に依頼してスキャンやデジタル化することは、たとえ個人や家庭内での利用であっても一切認められておりません。
JRRC〈https://jrrc.or.jp　eメール：jrrc_info@jrrc.or.jp　電話：03-6809-1281〉

この本は2016年刊行の書籍『炊飯ジャーでスイッチひとつの魔法のレシピ』から抜粋したレシピに新規のレシピを加えて編集したものです。